La Cour pénale internationale

Entre nécessité de justice et impératif de paix

Dindio KONATÉ

LA COUR PÉNALE INTERNATIONALE

Entre nécessité de justice et impératif de paix

Préface de Francis Dacko
Postface de Gaelle Carayon

L'Harmattan

Contact auteur : dindiokonate@gmail.com

5-7, rue de l'École-Polytechnique ; 75005 Paris

http://www.editions-harmattan.fr

ISBN : 978-2-343-13616-5

EAN : 9782343136165

DÉDICACE

Je dédie ce livre
à mon père, mon modèle, KONATE Kadin, pour son soutien sans faille ;
cette personne pour qui mes succès les plus infimes constituent une victoire glorieuse ;

à ma mère, KONATE Tioni source de tendresse, symbole de bonté et exemple de dévouement, pour ses inlassables prières et son affection sans cesse renouvelée.

À ces personnes honorables qui m'ont donné le goût de la recherche et ont cru en mon potentiel, que cet ouvrage soit un témoignage de mon profond respect et de mon infinie gratitude...

SIGLES ET ABRÉVIATIONS

AEP : Assemblée des États Parties
AGNU: Assemblée Générale des Nations Unies
ARS : Armée de Résistance du Seigneur
ASPA: American Service Members Protection Act
BCPV : Bureau du Conseil Public pour les Victimes
BdP : Bureau du Procureur
CDI : Commission de Droit International
CIJ : Cour Internationale de Justice
CMCPI : Coalition Mondiale pour la Cour Pénale Internationale
CPI : Cour Pénale Internationale
CPJI : Cour Permanente de Justice Internationale
CVJR : Commission Vérité Justice et Réconciliation
DIH : Droit International Humanitaire
EFAI: Édition Française d'Amnesty Internationale
FIDH : Fédération Internationale des Droits de l'Homme
FPV : Fonds au profit des Victimes
HRW: Human Rights Watch
ICC: International Criminal Court
IC ICC : International Coalition for International Criminal Court
LRA : Lord's Résistance Army
NEPAD : Nouveau Partenariat pour le Développement de l'Afrique
OIT : Organisation Internationale du Travail
OMP : Opération de Maintien de la Paix
ONG : Organisation Non Gouvernementale
ONU : Organisation des Nations Unies
OTAN : Organisation du Traité Atlantique Nord
OUA : Organisation de l'Unité Africaine
PGD : Principes Généraux de Droit
RDC : République Démocratique du Congo

RCA : République Centrafricaine
SID : Section de l'Information et de la Documentation
SPVR : Section de Participation des Victimes et des Réparations
SDN : Société Des Nations
SOFA: *Statutes of Forces Agreements*
TPI : Tribunaux Pénaux Internationaux
TPIY : Tribunal Pénal International pour l'Ex-Yougoslavie
TPIR : Tribunal Pénal International pour le Rwanda
TMIN : Tribunal Militaire International de Nuremberg
TMEO : Tribunal Militaire pour l'Extrême Orient
UA : Union Africaine
ULB : Université libre de Bruxelles
UPDF: *Uganda People's Defense Army*

PRÉFACE

Une réflexion attendue. Concilier justice et paix est une mission impérative assignée à la Cour Pénale Internationale dès sa création en 1998.

Dans une société de plus en plus marquée par des conflits violents où s'entremêlent les crimes les plus atroces qualifiés de crime de génocide, de crimes contre l'humanité, de crimes de guerre et même de crime d'agression, il urge d'accorder une attention particulière à cette juridiction pénale internationale, objet à l'heure actuelle des critiques les plus acerbes.

La publication de l'ouvrage intitulé : *« La Cour Pénale Internationale entre nécessité de justice et impératif de paix »* constitue donc une excellente nouvelle pour les différents acteurs intervenant dans le système de répression desdits crimes au niveau international.

Cette impérieuse mission de la Cour qui consiste à concilier justice et paix semble être reléguée au second plan par la réflexion juridique. On s'en étonne à peine au cours des différentes affaires de crimes dont elle a eu à connaître de savoir si elle se soucie réellement du respect de cet impératif qui est la ligne directrice de sa raison d'être.

Dans ce système international de droit pénal où la répression des auteurs, des co-auteurs et des complices des crimes est priorisée avant toute idée de paix, étudier la nécessité de justice et l'impératif de paix dénote d'une audace particulière.

On voit bien dans bon nombre de pays où la CPI a eu à intervenir pour juger les présumés responsables des crimes qu'elle laisse transparaître un sentiment de justice des vainqueurs et non celui d'une quelconque recherche de paix. Il était donc opportun de mener une telle réflexion allant dans le sens de voir cette Cour mettre sur un même piédestal l'impératif de paix et la nécessité de justice en vue d'améliorer son image de plus en plus écornée.

Au demeurant, cet apport de Madame Dindio Konaté présente un double intérêt : un intérêt pédagogique et un intérêt pratique.

Un intérêt pédagogique. Juridiction controversée par la pratique des acteurs chargés d'établir la culpabilité des personnes déférées devant elle, l'impérative de paix et la nécessité de justice se laisse difficilement perceptible quant à ses actes de poursuite et de jugement. Cette difficulté n'a nullement émoussé le désir de dame Konaté qui, avec le regard de l'historien, du sociologue, du juriste et surtout du militant, a fait une analyse objective de la genèse, de l'historique, des modes de saisine, et des limites textuelles et fonctionnelles de la CPI d'atteindre cet idéal de conciliation de la justice et paix. Sa présentation donne la mesure de sa maîtrise et de sa volonté de partager ses connaissances des différents méandres organisationnels et procéduraux de la CPI en forme analytique. La division des centres d'intérêt s'en trouve alors aisée et la distribution thématique facilitée de la première phrase introductive de cet excellent ouvrage à la conclusion. Ce qui permettra aux praticiens de droit, aux étudiants en droit et aux chercheurs du droit pénal international de réajuster ou de renforcer leur connaissance empirique sur le fonctionnement de la Cour. Ce vouloir faire savoir, exprimé avec simplicité et humilité par dame Konaté est un signe de caractère commun à tout chercheur, mais surtout au chercheur généreux et persévérant, avec un souci opérationnel.

Un intérêt pratique. La présente réflexion garde fort heureusement sa dimension pratique. Elle se révèle comme une analyse de la dichotomie existant entre la justice et la paix dont la CPI a pour mission de préserver.

À ce titre, elle s'adresse aux différents défenseurs des droits de l'homme : les avocats y puiseront l'ingénieuse inspiration pouvant les aider à assurer la défense des intérêts de leurs clients traduits devant cette Cour. De même, les juges qui animent ladite Cour pourront trouver des pistes de solutions aux différentes critiques qui fusent de toutes parts pour entacher leur office de rendre justice. Mais encore, elle servirait comme document de base aux acteurs de la communauté internationale en vue d'une nécessaire réforme de la justice pénale internationale. Et c'est à ce niveau que se décline encore plus nettement l'audace de dame Konaté

Une réflexion audacieuse. Madame Dindio Konaté apparaît dans l'univers du Droit international pénal avec cet ouvrage comme une analyste optimiste ayant scruté les avancées et les obstacles de la CPI en ce qui concerne sa mission de rendre justice et de sauvegarder la paix sur la scène internationale. Sa réflexion se présente comme une formidable contribution à la résolution des différents obstacles qui remettent en cause la crédibilité de la CPI. La motivation de l'auteur est de faire connaître et comprendre aux lecteurs, le fonctionnement de cette juridiction internationale dans l'optique de lui redorer l'image rêvée par les précurseurs d'une justice pénale internationale. L'auteur ayant résisté à la tentation de l'indifférence intellectuelle a fait preuve d'un mérite louable. Il n'est pas à douter de l'accueil que le public réservera à la publication de la présente réflexion. Il est à souhaiter que, de la part de l'auteur, il ne s'agit point d'une fin, mais d'une nouvelle aventure intellectuelle.

Maître Francis Dacko
Avocat au Barreau du Bénin
Ancien Coordinateur pour l'Afrique de la Coalition Internationale pour la Cour Pénale Internationale

INTRODUCTION GÉNÉRALE

Une juridiction pour punir les « *mauvais élèves* » ? Un instrument de « *recolonisation* » ? Un appareil au service des droits de l'homme et de la justice ? Un outil de paix et de réconciliation ? Autant d'interrogations relatives à l'existence et au rôle de la Cour Pénale Internationale, très critiquée, mais parfois peu connue.

L'ex-Secrétaire Général de l'Organisation des Nations Unies (ONU), Kofi Annan, saluait en ces termes l'avènement de la Cour Pénale Internationale (CPI), créée en 1998 par l'adoption du statut de Rome: « *La création du tribunal est un cadeau d'espoir pour les générations futures et un pas de géant dans la progression vers les droits de l'homme universels et les principes de droit*[1] ».

Cette Cour permanente se justifie par le souci de mettre en place une institution criminelle permanente dotée d'une compétence préétablie. Elle serait ainsi plus à l'abri des critiques suscitées par les improvisations comme ce furent le cas des tribunaux militaires de Nuremberg et de Tokyo, ou plus récemment des Tribunaux Pénaux Internationaux pour l'ex-Yougoslavie et le Rwanda.

La célérité qui a présidé à l'entrée en vigueur du statut de Rome démontre le souhait d'une juridiction internationale pénale : quatre années après l'adoption de son statut, le statut de Rome réunissait les soixante (60) instruments de ratifications nécessaires à l'entrée en vigueur de son statut.

Bien que la Cour ait un caractère universel selon son mode de saisine, à tout le moins une compétence à l'égard de l'ensemble des États ayant ratifié son Statut, la grande partie des affaires pendantes devant elle, au total huit (8)

[1] Kofi Anan, Secrétaire général des Nations Unies le 18 juillet 1998 à Campidoglio.

sur un total de neuf (9), met en cause des États africains. Cette situation divise l'Afrique entre partisans et détracteurs de la CPI.

Plus d'une décennie après l'entrée en vigueur de son statut, la CPI est, à l'image des juridictions internationales pénales précédentes, confrontée à des obstacles et des critiques. Le scepticisme observé quant à l'entrée en vigueur du statut2 fait aujourd'hui place aux inquiétudes quant à son fonctionnement. Un des obstacles les plus importants est l'attitude des États envers la CPI. Or, la Cour étant née d'un traité interétatique, son bon fonctionnement est tributaire de la coopération des États. En tout état de cause, la Cour est au centre de l'actualité politico juridique. Le sujet revêt un intérêt pour les observateurs internationaux, les acteurs gouvernementaux, les membres de la société civile, les théoriciens et praticiens du droit, les acteurs, activistes et membres des partis politiques, les profanes.

Les critiques les plus courantes sont la non-reconnaissance de l'amnistie comme moyen de règlement des différends, la non-reconnaissance de la qualité officielle et les nombreux mandats d'arrêt délivrés à l'endroit des dirigeants politiques africains. Un projet de résolution, soumis lors du 21e sommet de l'Union africaine (UA) en octobre 2013, à Addis-Abeba, en Éthiopie, demandait à la CPI d'abandonner ses poursuites

---

[2] Il y a en effet, un scepticisme, voir un pessimisme qui a prévalu avant l'entrée en vigueur du Statut. Ainsi, Condorelli affirmait : « il n'est pas insensé de se demander si l'on arrivera vraiment à réunir les soixante (60) instruments de ratifications… voire combien de lustres demandés faudra-t-il attendre » Condorelli Luigi, *la Cour Pénale Internationale : un pas de géant (pourvu qu'il soit accompli),* in revue Générale de Droit international Public, Tome 103 N°1 Vol. 108, Paris: Pedone,1999.

contre le Président kenyan3. Celles-ci furent annulées par la suite.

Salvatore Zappala rend compte de cette réalité quand il affirme que la difficulté la plus notable réside dans le fait que certaines de ces protections, par exemple, le principe de non-ingérence dans les affaires internes d'un État ou les normes sur les immunités de certains organes du sommet d'un État, sont elles aussi destinées à protéger des valeurs essentielles pour la communauté internationale ; par conséquent, il est difficile de réussir à trouver le juste équilibre entre le respect de la souveraineté et le risque d'impunité 4.Il poursuit pour dire que: face à l'exigence de punir les responsables d'actes de torture et de massacres de civils, doivent être également prévues des garanties pour assurer le respect de l'indépendance et de l'autonomie des États. La complexité de la sphère où l'on intervient et le fait d'enquêter ou de mener des poursuites pénales contre des représentants de l'État rendent la matière incandescente5.

Face aux critiques dont fait l'objet la CPI, il s'avère nécessaire de mener une réflexion sur les enjeux de cette juridiction, mais aussi, et surtout, sur le rôle de cette institution juridictionnelle mise en rapport avec l'impératif de paix et la nécessité de justice. Cette dernière idée est au

---

[3] « La demande d'abandon des poursuites de la CPI contre le Président kenyan est tout à fait justifiée. Il s'agit, comme le droit le permet, d'attirer l'attention de la CPI sur l'opportunité de ces poursuites contre un chef d'Etat que son peuple vient d'élire de façon démocratique. (…) Notre démarche est de concilier les exigences de justice et de lutte contre l'impunité avec les impératifs de stabilité et de paix sociale au Kenya… » M. Ramtane LAMAMRA, commissaire à la paix et à la sécurité de l'Union Africaine (UA).

[4] Salvatore Zappala, *la justice pénale internationale*, Paris : Montchrestien, 2007.

[5] Idem.

cœur de cet ouvrage « la CPI, entre nécessité de justice et impératif de paix ».

Étant un organe de juridiction internationale, la CPI se doit de dire le droit surtout en toute impartialité, en toute neutralité dans le silence des passions. Elle doit évaluer l'importance du dommage subi et établir les différentes responsabilités des auteurs. La justice ayant pour finalité de « *redresser les torts* », la CPI doit remettre « *droit* » ce qui a été « *gauchi* », déformé ou tordu. Elle doit agir de la même manière pour tous les individus ayant commis les mêmes délits, les mêmes crimes dans les mêmes circonstances.

L'équation entre paix et justice n'est pas toujours aisée. M. Benjamin Ferencz, ancien procureur au Tribunal de Nuremberg, considérait qu' « *il ne peut y avoir de paix sans justice, ni de justice sans loi, ni de loi digne de ce nom sans un tribunal chargé de décider ce qui est juste et légal dans des circonstances données ».* Ainsi se trouvaient rappelés les liens complexes, parfois équivoques, que la paix entretient avec la justice, singulièrement la justice pénale.

D'aucuns pensent que la justice peut être un facteur déstabilisant dans un processus de paix naissant ; la CPI semble avoir pris la mesure de cette situation en prévoyant dans ses statuts la possibilité pour le Conseil de Sécurité des Nations Unies de suspendre les enquêtes et poursuites menées par la Cour au nom des impératifs de paix. Par contre d'autres estiment que la justice contribue aux différents processus de paix. D'ailleurs, dans le préambule de son statut, la CPI se dit « *résolue à garantir durablement le respect de la justice internationale et sa mise en œuvre* ».

En fin de compte, que privilégie la CPI dans la mise en œuvre de sa mission ? La paix ou la justice ? La paix et la justice ? Également paix et justice se complètent-elles ou sont-elles aux antipodes l'une de l'autre dans le cadre de la réalisation des objectifs de la CPI?

La Cour se trouve minée par ses propres textes et l'environnement politique dans lequel elle évolue. Les perceptions sur la Cour sont souvent fonction des forces en présence, des bords politiques, des actions qu'elle entreprend contre certaines parties au détriment d'autres. Les facteurs qui influencent certaines de ses actions tendent à ternir l'image d'une Cour Pénale Internationale juste, impartiale et équitable pour rester conformes aux objectifs exprimés dans ses textes.

Pour rendre compte de la dichotomie qui existerait entre justice et paix dans le cadre de la CPI, après quelques préambules, nécessaires à la compréhension de notre thématique, l'on traitera dans une première partie de la CPI en tant qu'institution souhaitée, et dans une deuxième partie de la CPI en tant qu'institution limitée.

PRÉAMBULES

Préambule 1
Le contexte d'éclosion de la CPI

L'idée de punir des individus pour des crimes exceptionnels remonte aux prémices du droit de la guerre au Moyen-âge. Deux précédents majeurs, portant l'un sur la condamnation du roi Conradin Von Hohenstaufen6 et l'autre sur la condamnation d'un chef de guerre, Peter Von Hagenbach7, pour les actions posées par ses subalternes, illustrent éloquemment cette idée. On peut en déduire, en plus de la volonté de juger les auteurs des crimes suscités, que déjà au Moyen-âge, la responsabilité du supérieur hiérarchique du fait d'agents sous son commandement était évoquée. Elle se retrouvera matérialisée, codifiée des siècles plus tard dans le Statut de Rome en son article 288 avec des conditions de mise en œuvre bien déterminées.

Si l'idée d'une juridiction internationale remonte au XIe siècle, le concept d'une cour pénale internationale (CPI), quant à lui, remonte au XVe siècle. Ces juridictions font partie intégrante de la branche du Droit aujourd'hui dénommée « Droit international pénal».

---

[6] Conrad de Hohenstaufen, roi de Sicile et de Jérusalem sous le nom Conrad II. Il fut condamné à mort à Naples en 1268 pour déclenchement d'une guerre injuste. Il meurt décapité le 29 octobre 1268. Il fut exécuté sous l'ordre de Charles d'Anjou.

[7] Pierre de Hagenbach était commandant de la 9ème compagnie d'ordonnance des troupes du duc de Bourgogne, Charles le Téméraire. Le procès de Hagenbach est important dans l'histoire du Droit international étant donné que c'est le premier procès dans l'Histoire pour crimes de guerres. Il fut condamné pour crimes contre « les lois de Dieu et des hommes ». C'est le premier procès où l'accusé ait invoqué pour sa défense les ordres reçus de son supérieur.

[8] L'article 28 du statut de Rome est relatif à la responsabilité des chefs militaires et autres supérieurs hiérarchiques.

Cette catégorie de Droit a commencé à se constituer à partir du XIXe siècle sous forme de règles régissant les conflits militaires. Le protocole de Bruxelles, signé en 1874, est l'une des premières tentatives de rédaction d'un code régissant la conduite des forces armées en temps de guerre. Même s'il ne fait aucune mention de l'application de quelques sanctions à la suite des violations de ses dispositions, le protocole de Bruxelles a entraîné la rédaction par l'Institut du Droit International, du « manual on the laws of war on land » (Manuel sur les lois de la guerre sur terre) en 1880.

Les conventions adoptées au cours des conférences de La Haye pour la paix tenues en 1899 et 1907[9] s'en inspireront. La conférence de La Haye IV fait référence, pour la première fois, à la responsabilité en cas de violation du droit international. Même si elle n'établit pas la responsabilité pénale personnelle[10] et ne fait qu'énoncer des obligations, cette convention constitue la première ébauche de l'émergence d'une volonté d'appliquer des normes internationales qui jusqu'alors, du moins depuis le traité de Westphalie conclu en 1648, avaient toujours été soumises à la doctrine de la souveraineté des États. Par ce traité, sont créées des obligations erga partes.

Les deux (2) guerres mondiales donneront l'occasion de poursuivre la constitution et la codification du droit international pénal. Le traité de Versailles qui mit fin à la guerre prévoyait la création d'une juridiction pour juger des crimes commis pendant cette guerre. Bien qu'ayant échoué, cette idée est considérée comme la première

---

[9] Leslie GREEN, « *war crimes, crimes against humanity, and command responsibility* », Naval college review, vol. L, N°2, 1997.

[10] Leslie Green souligne que l'article 3 de la convention de 1907 semble exclure la responsabilité personnelle : « la partie belligérante qui violerait les dispositions dudit règlement sera tenue à indemnité, s'il y a lieu. Elle sera responsable de tous actes commis par les personnes faisant partie de sa force armée. »

véritable tentative de constitution d'un tribunal dans notre ère, traduisant par la même occasion les aspirations de plus en plus grandissantes de paix et de justice.

Il faut attendre la Seconde Guerre mondiale pour voir se réaliser la création de juridictions internationales pénales ; celles-ci apparurent comme la panacée pour faire face aux atrocités commises pendant cette guerre. Dans cette perspective, sont créés sous les auspices des Nations Unies, le Tribunal Militaire International de Nuremberg (TMIN)[11] et le Tribunal Militaire pour l'Extrême Orient (TMEO ou Tribunal de Tokyo)[12].

Le premier tribunal cité a dessiné les fondements du droit international pénal moderne vu que les premières initiatives des Nations Unies en ce sens se sont fondées sur le statut et la juridiction du tribunal de Nuremberg. Les quelques avancées enregistrées notamment après l'adoption de la convention pour la répression du crime de génocide en 1948 sont freinées par le débat sur le crime d'agression dont la définition demeure problématique[13] à ce jour.

---

[11] Le tribunal de Nuremberg fut créé par l'accord de Londres du 8 août 1945. Vingt-deux dirigeants nazis ont été déférés. Le jugement a été rendu le 1er octobre 1946 et toutes les peines furent exécutées.

[12] Le Tribunal de Tokyo fut créé par une déclaration du Commandant suprême des Forces Alliées le 19 janvier 1946. Cette instance a rendu son verdict le 12 novembre 1948.

[13] Bien que le crime d'agression figure depuis l'origine à l'article 5 du Statut de Rome, qui énumère les crimes pour lesquels la CPI est compétente, cette compétence est encore abstraite : en 1998, les Etats n'ont pas trouvé de consensus s'agissant de la définition du crime d'agression et des conditions d'exercice de compétence de la CPI par rapport à ce crime. La Charte des Nations Unies spécifie en effet que c'est le Conseil de sécurité des Nations Unies qui est le seul capable de déterminer s'il y a oui ou non un crime d'agression (voir le chapitre 7 de l'article 39 de la Charte des Nations Unies).
Lors de l'élaboration du Statut de Rome, certains États ont demandé que la poursuite d'une personne pour crime d'agression soit

Plus récemment, le conflit en Yougoslavie et le génocide des Tutsis et Hutus modérés au Rwanda, ayant choqué le monde par leur intensité et la cruauté dans la commission des violations, ont contribué à rappeler l'urgence de la création d'une juridiction supra étatique capable de juger les coupables de telles exactions.

Pour faire face aux nombreuses violations enregistrées dans ces deux (2) pays, le Conseil de Sécurité des Nations Unies, agissant dans le cadre du chapitre VII de la charte des Nations Unies relatif au maintien de la paix et de la sécurité internationale, décida de la création de deux tribunaux ad hoc. Ces tribunaux, créés en 1993 et 1994, avaient une compétence spatio-temporelle définie. Par ailleurs, ils étaient rétroactifs avec un pouvoir d'autosaisine et de dessaisissement des autorités judiciaires nationales. Ces tribunaux ont été marqués par des difficultés de fonctionnement. La CPI est un succédané de ces tribunaux. Elle vise la quête d'une justice internationale.

L'ensemble de ces tribunaux met en exergue le principe de la responsabilité individuelle au plan international, faisant de l'individu un sujet « *médian* » du droit international. Cette compétence était jusqu'alors, à titre exclusif, dévolue à l'État par le jeu de l'exercice de sa souveraineté. Ainsi, les États concèdent-ils une partie de leur attribution en donnant la compétence aux juridictions internationales de poursuivre leurs ressortissants.

---

préalablement acceptée par le Conseil de sécurité des Nations Unies. Mais d'autres États ainsi que les ONG préfèrent que ce soit uniquement le Procureur de la Cour Pénale Internationale qui puisse lancer une procédure contre un tel crime.
En 2010, à la suite de la Conférence de révision qui s'est tenue à Kampala, l'article 8 bis a été ajouté au Statut de Rome. Il n'est pas encore rentré en vigueur et sera passé en revue lors de la conférence de révision qui se tiendra en 2017.

La CPI a été mise en place pour juger les personnes s'étant rendues coupables de crimes massifs soit du point de vue de la quantité, soit du point de vue des moyens utilisés pour commettre les infractions, soit du point de vue des buts visés. Les crimes pris en compte par la CPI sont de graves violations des droits humains. Cette justice recherche la dignité de la personne humaine.

L'article 1 de la Déclaration Universelle des Droits de l'Homme (DUDH) dispose à cet effet que *les hommes naissent libres et égaux en dignité et en droits*. C'est au nom de cette dignité que possède tout être humain que chaque individu est protégé non seulement par les normes nationales, mais aussi par les normes internationales.

Le respect de cette dignité est une nécessité qui justifie l'encadrement de la justice internationale par le droit international pénal et le droit international humanitaire.

Préambule 2
Quelques termes ou expressions clés

Pour saisir la signification et la portée de notre propos, une élucidation de quelques notions est indispensable.

1. Le droit international pénal

Le droit international pénal ne doit pas être confondu avec le droit pénal international. À tout le moins, il présente des subtilités qu'il convient de rapporter.

Dans sa conception classique, le droit pénal international est défini comme la branche du droit pénal relative aux infractions présentant un élément d'extranéité[14]. Ce serait la somme des lois pénales nationales transposées au plan international à l'occasion de procès mettant en scène plusieurs législations provenant de pays différents. C'est le cas en matière d'abordage en haute mer. Toutefois cette définition classique a été modifiée sous l'effet de la mise en œuvre des juridictions pénales internationales chargées de sanctionner les infractions punies par le droit international[15].

Didier Rebut dans le précis Dalloz définit le droit international pénal comme étant un sous ensemble du droit pénal international. Pour lui, le droit international pénal est la branche du droit *criminel qui règle l'ensemble des problèmes pénaux qui se posent au plan international*, il en conclut que le droit pénal international est aujourd'hui une matière composée de deux ensembles à la fois proches et distincts.

---

[14] Roger Merle, André Vitu, *traité de droit criminel 7è édition*, Paris : Cujas 1997.

[15] Stefan Glaser, *Droit International Pénal Conventionnel*, vol 11, Bruxelles: Bruylant, 1978.

Le premier a trait à la répression des infractions présentant un élément d'extranéité. Nous avons pour exemple l'entraide pénale internationale consistant en l'ensemble des actes et procédures par lesquels un État apporte son concours aux poursuites pénales engagées par un autre État. L'auteur aborde également l'effet des jugements répressifs étrangers pour déterminer dans quelle mesure ceux-ci peuvent être positivement ou négativement pris en compte par un autre État.

Le second ensemble constitutif de la matière est plus récent. Relevant davantage du droit international public, sa conception est liée aux tribunaux de Nuremberg et Tokyo. Il a trait aux infractions définies par le droit international (génocide, crime contre l'humanité...) et aux juridictions internationales chargées de leur répression (TPIY, TPIR, CPI)[16].

Si l'on s'en tient à la définition de cet auteur mise en relation avec la sumadivisio du droit, le droit pénal international relèverait du droit privé spécifiquement du droit pénal et le droit international pénal relèverait du droit public, plus spécifiquement du droit international public.

Antonio Cassese et all disent du droit international pénal qu'il est de nature hybride ; il s'agit d'un droit international public qui est imprégné des notions, principes et constructions juridiques dérivés du droit pénal national, du droit international humanitaire et des droits de l'homme.

Toutefois, la frontière entre ces deux notions n'est pas très étanche. Il termine pour dire que la dénomination « *droit pénal international* » est communément utilisée bien que son contenu ait été étendu au droit international pénal.

Pour Olivier de Frouville, le droit international pénal « recouvre l'ensemble des normes de droit international

---

[16] Didier Rebut, *droit international pénal*, Paris : Dalloz, 2012.

public qui ont pour but la protection de l'ordre public international par la prohibition de certains comportements qui y portent atteinte, sous peine de sanction exécutoire ainsi que la répression de certains comportements[17] ».

À propos de la distinction entre droit international pénal et droit pénal international, il estime que « droit international pénal et droit pénal international sont deux matières que l'on peut étudier séparément. Cette distinction a toutefois ses limites, car il existe certains recoupements entre ces deux domaines[18] ». Il prend pour exemple le fait que beaucoup d'infractions sont définies internationalement en vue d'être appliquées par le juge interne[19].

Nous retiendrons la dénomination « droit international pénal », car c'est celle qui nous semble la plus appropriée parlant de juridictions répressives au plan international.

2. Le droit international humanitaire

Les juridictions pénales internationales font également appel au Droit International Humanitaire (DIH), droit des conflits armés. Comme mentionné, l'idée de réprimer les violations des droits de l'homme a été conçue au fil des tragédies humaines engendrées par la guerre d'où la rédaction du « *manuel of Law* » pour régenter ces guerres. On parlera d'ailleurs du droit dans la guerre « *jus in bello* ».

Aussi paradoxal que cela puisse paraître, le DIH est un ensemble de règles, apparu d'abord sous la forme coutumière, puis plus tard codifié, conçu pour réglementer une activité proscrite : la guerre. La Charte des Nations Unies en son article 2 alinéa 4 dispose que « les membres de l'Organisation s'abstiennent, dans leurs relations

---

[17] Olivier de Frouville, droit international pénal, Paris: Pedone, 2012.
[18] Idem
[19] Idem

internationales de recourir à la menace ou à l'emploi de la force (...) soit de toute autre manière incompatible avec les buts des Nations Unies ».

Ces mesures sont étendues aux États non membres à l'alinéa 6 de l'article précité « l'Organisation fait en sorte que les États qui ne sont pas membres des Nations Unies agissent conformément à ces principes dans la mesure nécessaire au maintien de la paix et de la sécurité internationale ».

Toutefois, la Charte prévoit des dérogations à cette règle, c'est le cas des actions entreprises sous le chapitre VII intitulé « action de menace contre la paix, de rupture de la paix et d'acte d'agression ». En pareille situation, le Conseil de Sécurité a le droit d'employer la force en cas d'inefficacité des actions pacifiques entreprises.

Ces restrictions n'existaient pas au moment de l'émergence du DIH dont l'idée première était d' « *humaniser* » les guerres. Une grande production normative découlera de cette idée formant le droit de Genève, à travers ces quatre (4) conventions de 1949 applicables, dans la grande majorité, aux Conflits Armés Internationaux (CAI) qui, à cette époque demeuraient la règle. Seul l'article 3 commun aux quatre conventions de Genève prévoyait quelques règles en cas de Conflits Armés Non Internationaux (CANI). Ces dernières seront complétées plus tard par le protocole additionnel II de 1977. À ces conventions, s'ajoute le droit de la guerre ou droit de La Haye.

Olivier de Frouville considère que le DIH n'est pas un droit de nature pénale. Néanmoins, il possède un volet pénal qui fait qu'il participe au droit international pénal[20].

Cette volonté d'humaniser la guerre sous-tendait l'idée de punition en cas de manquements aux règles prévues. La Première Guerre mondiale donnera l'occasion à

---

[20] Idem

l'humanité « civilisée » de mettre en œuvre cette volonté de répression des crimes exceptionnels commis par des individus. Elle est codifiée à travers l'article 227[21] du traité de Versailles. Ainsi, la responsabilité, qui d'antan se concevait seulement au niveau des seuls États, étant pendant longtemps les seuls sujets du droit international, va s'étendre aux individus.

Salvatore Zappala regroupe les différentes branches auxquelles fait appel la justice pénale internationale. Ils les divisent en trois sous catégories ; d'abord, le droit international pénal s'est développé par rapport aux graves violations du DIH (crimes de guerre), ensuite par rapport aux violations contre la paix et la sécurité internationales (crimes contre la paix ou agression), et enfin en référence aux normes sur la protection des droits humains fondamentaux (crimes contre l'humanité et génocide)[22].

a) La Justice

Au sens étymologique, le vocable « *justice* » provient du latin « *jus* » qui veut dire «*ce qui est droit* », ce qui exprime la rectitude, ce qui ne comporte aucune déviation. La justice en elle-même dans sa conception philosophique s'apparente à un idéal, qui peut être individuel, ou collectif. Dans son acception juridique, la justice peut être déclinée sous deux angles : privée et publique. La justice privée s'exerce en dehors de l'État, quant à la justice publique, elle est rendue par l'État. Les champs d'application par excellence de cette dernière en ce qui

[21]L'Article 227 du traité de Versailles dispose : *les puissances alliées et associées mettent en accusation publique Guillaume II de Hohenzollern, ex empereur d'Allemagne, pour offense suprême contre la morale internationale et l'autorité sacrée des traités. Un tribunal spécial sera constitué pour juger l'accusé en lui assurant les garanties essentielles du droit de la défense. Il sera composé de cinq juges.*

[22] Salvatore Zappala, *op cit* P.22.

concerne les droits subjectifs sont le droit pénal et le droit civil.

Dans son étude sur la question de la justice dans le processus de réconciliation nationale en Côte d'Ivoire[23], Alex Lagaud voit en la justice un idéal et une norme. En tant qu'idéal, la justice manifeste le refus du chaos social en prônant la liberté et l'égalité au sein de la société. En tant que norme, la justice devient une réalité pratique mise en œuvre par le droit.

Le philosophe français Henri Bergson définit la justice comme étant l'égalité[24]. N'est-ce pas d'ailleurs cette égalité qu'indiquent les plateaux de la balance, symbole de la justice ? De façon objective, la justice est fondée sur l'égalité. Mais est-ce la même égalité pour tous ? L'exigence de l'égalité ou de l'équité doit-elle prendre en considération les différences qui existent de fait entre les individus ? La réponse à cette question devrait être négative. La justice devrait alors s'appuyer sur l'équité.

La CPI, organe de juridiction internationale peut-elle s'inscrire dans cette logique d'égalité et d'équité dans son fonctionnement ? La CPI poursuit-elle dans son fonctionnement la justice pour tous, l'égalité de tous les hommes ou une juridiction en vue de la paix ?

La justice s'appréhende également comme la saine application du droit. Elle consiste à faire respecter les droits de chacun. Le philosophe Aristote en distinguant la justice distributive de la justice corrective montre que la première est proportionnelle et la seconde est égalitaire[25].

---

[23] Alex Mayeul Lagaud, *la question de la justice dans le processus de réconciliation nationale en Côte d'ivoire*, Actualité juridiques N°83, 2015.

[24] Henri Bergson, *Les deux sources de la morale et de la religion* 6ème Ed. Paris: PUF, 1995.

[25] Aristote, *Ethique à Nicomaque*, trad. Barthélemy saint Hilaire, Tome II, Paris : Le livre de poche, collection :les classiques de philosophie, 1992.

Vue sous cet angle, la justice exige que les hommes soient égaux en droit malgré leurs inégalités de fait, qu'ils aient droit à une égale reconnaissance de leur dignité humaine. Si le droit vise un idéal, il ne peut faire abstraction de la réalité.

Karl Marx disait à ce propos que ce sont les rapports sociaux et surtout la situation économique qui explique le développement du droit[26]. Ainsi, les modifications du droit au cours de l'histoire semblent être le plus souvent une adaptation aux situations et aux exigences du moment, d'une volonté de réaliser une justice idéale.

b) La Paix

Tirant son origine du terme latin « *pax* », la paix peut être définie aussi bien au sens positif qu'au sens négatif. Au sens positif, la paix est un état de tranquillité et de quiétude une absence de perturbations, d'agitations ou de conflits; à contrario, au sens négatif, la paix serait l'absence de guerre ou de violence. Dans le domaine politique ou pour le droit international, la paix est la situation et la relation mutuelle de ceux qui ne sont pas en guerre. Il s'agit dans les deux cas d'une paix sociale où sont entretenues de bonnes relations entre les communautés d'individus. Également, la paix peut désigner le traité ou la convention (l'accord) établi (e) entre les gouvernants dans le but de mettre fin à un conflit.

Elle est universellement considérée comme un idéal. Au plan individuel, la paix désigne un état d'esprit personnel exempt de colère, de crainte et plus généralement de sentiments négatifs. Au plan collectif, la paix désigne l'absence de violence, de conflit ou de guerre entre groupes humains.

---

[26] Karl Marx, *Le capital, Livre premier*, 1867, Paris : éditions sociales, trad. J. Roy, 1971.

Dans le domaine de la gestion des conflits, on parlera de « *peace building* », construction d'une paix positive. Cette construction s'étend au-delà de la simple construction politique, pour prendre en compte les dimensions structurelles, économiques et sociales. En ce sens la paix entre les nations est l'objectif de nombreux hommes et organisations idéologiques comme la défunte Société Des Nations (SDN) ou l'actuelle Organisation des Nations Unies (ONU).

Première partie
LA CPI : UNE INSTITUTION SOUHAITÉE

La Cour Pénale Internationale est une juridiction permanente chargée de juger les personnes accusées de génocide, de crime contre l'humanité, de crime d'agression et de crime de guerre. Le Statut de Rome prévoyant la création de la Cour Pénale Internationale a été signé le 17 juillet 1998 par 120 pays participants à la Conférence diplomatique des plénipotentiaires de l'Organisation des Nations Unies (ONU) sur l'établissement d'une Cour Pénale Internationale (7 voix contre, 21 abstentions). Ce Statut définit les pouvoirs et obligations de la CPI.

Une fois le Statut de Rome adopté, il fallait qu'un minimum de 60 États le ratifie pour qu'il entre en vigueur. Ce quorum a été atteint le 11 avril 2002 après qu'un groupe de 10 États ait ratifié en même temps le Statut avec une célérité sans précédent.

La Cour a été officiellement créée le 1er juillet 2002, date à laquelle le Statut de Rome est entré en vigueur. En avril 2013, 122 États sur les 193 États membres de l'ONU avaient ratifié le Statut de Rome acceptant par là, l'autorité de la CPI. 32 États supplémentaires, dont la Russie et les États-Unis d'Amérique, ont signé le Statut de Rome, mais ne l'ont pas ratifié. Le premier pays à avoir ratifié le Statut de Rome est un État africain, à savoir le Sénégal. À ce jour, l'Afrique totalise 33 ratifications sur 123, faisant de ce continent le deuxième à réunir le plus de ratifications après l'Europe 42 ratifications. La Côte d'Ivoire a été le 33e pays africain à ratifier le Statut de Rome.

La CPI est une institution permanente chargée de promouvoir le Droit International ; son mandat est de juger les individus (et non les États, ce qui est du ressort de la Cour Internationale de Justice (CIJ)), ayant commis des crimes de génocide, des crimes de guerre, des crimes contre l'humanité ou des crimes d'agressions (cette dernière infraction n'est pas encore entrée en vigueur). En promouvant une juridiction permanente et universelle, la Cour Pénale Internationale vise à universaliser les droits de l'homme et le Droit International Humanitaire. Elle a également pour objectif de responsabiliser les dirigeants politiques : la CPI est donc censée tenir un rôle à la fois préventif et dissuasif.

Mais pour en arriver à sa création, que de chemin parcouru !

Au bout de maintes tentatives, la communauté internationale est parvenue, au XXe siècle, à un consensus concernant :

Une définition juridique des concepts de génocide, crimes contre l'humanité et crimes de guerre ;

La manière et l'instance juridictionnelle internationale à laquelle sera confiée la mission de juger lesdits crimes : la Cour Pénale Internationale via le Statut de Rome.

Cette adoption était donc l'heureuse conclusion d'un siècle de tergiversations, mais aussi l'achèvement d'un processus difficile, marqué par les aléas de la situation internationale. Alors que la guerre froide avait bloqué pendant quarante ans tout progrès dans ce domaine, les crimes contre l'humanité perpétrés en ex-Yougoslavie et au Rwanda au début des années 1990 ont donné une nouvelle actualité à la nécessité de mettre en place une instance internationale qui puisse en juger. L'urgence a conduit à la création, par le Conseil de Sécurité des Nations Unies, de tribunaux internationaux spéciaux, à la compétence spatiale et temporelle strictement définie, par une résolution du 22 mai 1993 en ce qui concerne l'ex-Yougoslavie et par une résolution du 8 novembre 1994 pour juger des crimes commis au Rwanda. Mais l'élaboration de ce qui devait devenir le Statut de la Cour Pénale Internationale en a aussi été accélérée.

Certes, le texte adopté est le résultat d'un compromis destiné à permettre son adoption par le plus grand nombre d'États. Sept États, dont les États-Unis, la Chine, l'Inde et Israël, ont voté contre l'adoption du Statut et vingt-et-un États se sont abstenus. Mais la force symbolique de son adoption a été considérable. Elle a encore été accentuée par son entrée en vigueur relativement rapide, le 1er juillet 2002, soixantième jour suivant le dépôt du soixantième instrument de ratification.

En tout état de cause, la création de la CPI est une aspiration de la communauté internationale depuis les premières tentatives du XIXe siècle. Pour comprendre les liens que la Cour entretient avec les concepts de paix et de justice, il est important de recourir aux actes posés qui progressivement ont conduit à la création de la Cour. Ce faisant, l'esprit qui a prévalu au moment de la création de la Cour peut mieux être perçu.

Les fondements historiques de la création de la CPI feront l'objet d'un premier chapitre. Ces développements historiques nous emmèneront à la création de la CPI qui apparaît comme une institution pour parachever l'œuvre de justice pénale internationale ; cela fera l'objet du deuxième chapitre.

Chapitre I
L'ÉVOLUTION HISTORIQUE DE LA CRÉATION DE LA CPI

En 1872, au lendemain de la Guerre franco-prussienne de 1870, Gustave Moynier, membre du Comité International de la Croix-Rouge (CICR), soumet l'idée de la création d'une cour jugeant les violations du Droit International Humanitaire (DIH), représentée à l'époque par la seule Convention de Genève de 1864, mais cette idée n'est pas concrétisée.

Dès les lendemains de la Première Guerre mondiale, le traité de Versailles prévoyait le jugement – qui n'eut jamais lieu – du roi Guillaume II pour « offense suprême contre la morale internationale et l'autorité sacrée des traités », tandis que la mise en place des tribunaux de Nuremberg et de Tokyo après la Deuxième Guerre mondiale concrétisait pour la première fois cette idée. Si la Société Des Nations (SDN), puis, dès 1948, l'Assemblée Générale des Nations Unies (AGNU) ont envisagé la création d'un organe judiciaire international permanent compétent en ces matières, tous les projets avaient échoué jusqu'à l'adoption de la convention portant Statut de la Cour Pénale Internationale (dit Statut de Rome), à Rome, le 17 juillet 1998, par cent-vingt États, parmi les cent-soixante États qui participaient à la Conférence diplomatique de plénipotentiaires des Nations Unies sur la création d'une cour criminelle internationale.

Cette évolution peut être regroupée en deux grandes phases.

Tandis que la première phase de l'évolution se fait au gré des tragédies humaines, la deuxième est encadrée au sein des Nations Unies.

SECTION 1 : UNE ÉVOLUTION LIBRE AU GRÉ DES TRAGÉDIES HUMAINES

Deux tragédies ont permis la formation du Droit International pénal embryonnaire. Les deux guerres mondiales donneront l'occasion de l'établissement de juridiction pénale dépassant les sphères nationales pour juger les auteurs, à tout le moins les perdants, pour les exactions aux droits de l'homme et au DIH commises pendant la guerre. Relativement modeste avant et après la Première Guerre mondiale, l'essor du Droit International pénal sera accru après la Deuxième Guerre mondiale.

De ce qui précède il ressort que la marche libre vers une CPI permanente et universelle a connu un début relativement timide de La Haye à Versailles, et des avancées notables à Nuremberg et Tokyo.

PARAGRAPHE 1 : UN DÉBUT RELATIVEMENT TIMIDE DE LA HAYE A VERSAILLES

La Première Guerre mondiale est un conflit militaire qui s'est déroulé en Europe de 1914 à 1918 (et allant jusqu'à 1923 pour certains pays, le temps de signer les traités de paix). Considérée comme un des évènements marquants du XXe siècle, cette guerre parfois qualifiée de « totale » a atteint une échelle et une intensité inconnues jusqu'alors. Elle a mis en jeu plus de soldats, provoqué plus de morts et causé plus de destructions matérielles que toutes autres guerres antérieures. Plus de 60 millions de soldats y ont pris part. Au sortir de cette guerre, les protagonistes prirent conscience de la nécessité de juger certains auteurs de violations graves. Mais avant cette tragédie, il est à noter quelques exemples épars d'application d'une forme de justice pénale internationale. Seront analysés les exemples antérieurs à la Première

Guerre mondiale suivie par les exemples postérieurs à cette guerre.

1. Les exemples antérieurs à la Première Guerre mondiale

D'aucuns remontent les premières formes de répressions institutionnalisées au XVe siècle quand la France, l'Autriche, les cantons suisses et les villes du Haut Rhin ont mis en accusation Pierre Hangenbach, pour avoir pillé et massacré les habitants de Breisach dont il avait été gouverneur. Accusé d'avoir commis les « *crimes du droit naturel* » et d'avoir foulé au pied « *les lois humaines et divines* », il fut condamné à mort[27].

En 1815, Joseph De Maistre, écrivain et philosophe, écrivait au comte de Front pour ce qui est du jugement de Napoléon : l'idée mise en avant, surtout en Angleterre de le faire juger par les députés de tous les souverains de l'Europe, a quelque chose de séduisant. Ce serait le plus grand et le plus important des jugements jamais vus dans le monde ; on pourrait y développer les plus beaux principes du droit des gens (…) ce serait un grand monument de l'histoire [28].

Un autre précurseur de l'idée de création d'une cour criminelle internationale fut Gustave Monier. Ce dernier émit en 1872 l'idée de mettre en place un tribunal de cinq membres (dont un représentant par belligérant et trois désignés par les États neutres) afin de punir les atrocités commises lors du conflit franco-prussien. L'initiative échoua et ne connut pas plus de succès lorsqu'elle fut

---

[27] Anne Marie Larosa, *dictionnaire de Droit International pénal,* 1ère édition , Paris: Dalloz 1998.

[28] Joseph de Maistre, lettre au Comte de Front, 27 juillet 1815. Cité dans « *Belg. Jud.* », janvier 1920; voir aussi H. Hale-Bellot, (en) « *The Detention of Napoléon Bonaparte* », L.Q.R., 1923, E. Decaux, « *Le Statut du chef d'État déchu* », A.F.D.I., 1980.

renouvelée deux décennies plus tard, en 1895 lors d'une session de l'institut de Droit International en Angleterre.

L'initiative fut de nouveau remise en marche, pour aboutir à la convention de La Haye de 1907[29]. Cette convention avait une compétence limitée à la capture internationale de navire (piraterie) ; le tribunal international prévu dans cette convention ne put voir le jour.

La fin de la Première Guerre mondiale fit resurgir l'idée d'une juridiction pénale internationale.

2. Les exemples postérieurs à la Première Guerre mondiale

En 1919, une commission sur les responsabilités des auteurs de la guerre et la mise en œuvre des peines fut créée. Elle élabora une liste de trente-deux catégories de violations des lois et coutumes de la guerre. La Commission proposa que le traité de paix confère une compétence en matière pénale à l'égard des personnes responsables des violations (notamment des principes de la Clause Martens).

Il est nécessaire de préciser cette notion. La *Clause Martens* a été introduite dans le préambule de la Convention contre La Haye concernant les lois et coutumes de la guerre de 1899. Elle découle de la déclaration faite au cours des discussions préalables à la conférence de La Haye : en attendant qu'un code plus complet des lois de la guerre puisse être édicté, les hautes parties contractantes jugent opportun de constater que, dans les cas non compris dans les dispositions réglementaires adoptées par elles, les populations et les belligérants restent sous la sauvegarde et sous l'empire du droit des gens, tels qu'ils résultent des usages établis entre

---

[29] Convention XII relative à l'établissement d'une cour internationale de prises signé à la Haye le 18 octobre 1907.

nations civilisées, des lois de l'humanité et des exigences de la conscience .

Rupert Ticehurst écrivait à propos de la clause Martens que : les juristes spécialisés en droit humanitaire voient leur tâche compliquée par le fait qu'il n'existe aucune interprétation usuelle de la clause Martens (...). Dans son aspect le plus restreint, la clause sert à rappeler que le Droit International coutumier continue d'être applicable après l'adoption d'une norme conventionnelle[30] . Pour lui, dans une perspective plus large, la clause Martens stipule que « tout ce qui n'est pas interdit par un traité n'est pas pour autant autorisé »[31]. L'interprétation la plus large veut que la conduite dans les conflits armés ne soit pas jugée uniquement selon les traités et la coutume, mais aussi selon les principes du Droit International évoqué par la clause.

Le traité de Versailles qui mit fin à la Première Guerre mondiale prévoyait en son article 227 la création d'une juridiction composée de cinq juges représentant les puissances alliées (les États-Unis, le Royaume-Uni, la France, l'Italie et le Japon). Le traité de Versailles constitue le premier véritable sursaut en matière de poursuite internationale. Il proposait la création d'un tribunal ad hoc pour juger de ces crimes. Cette proposition échoua, mais donna lieu à l'inclusion dans le traité de Versailles de plusieurs articles, notamment les articles 227 précités (prévoyant la poursuite de Guillaume II pour « crime contre la paix » et 228 qui prévoyaient la possibilité pour les tribunaux militaires alliés de traduire

[30] Rupert Ticehurt citant F. Kalshoven, restriction à la conduite de la guerre, CICR, Genève 1987.

[31] Rupert Ticehurt citant C. Greenwood, "*historical development and legal basis, the hand book of humanitarian law in armed conflict", Oxford University press, 1995.*

les personnes accusées d'actes contraires aux lois et coutumes de la guerre.

Le traité met en accusation l'ancien Kaiser d'Allemagne pour la « *supreme offence against morality and the sanity of treaties* ». Malgré ces dispositions, ce tribunal ne vit pas le jour à cause des Pays-Bas qui refusèrent son extradition en invoquant que l'infraction à laquelle faisait référence le traité de Versailles ne figurait pas dans le droit néerlandais et que cette accusation relevait plus du politique que du juridique. Ce traité a cependant le mérite d'avoir essayé de mettre en œuvre les aspirations grandissantes de paix et de justice dans un contexte marqué par de plus en plus de violations des droits de l'homme.

La Deuxième Guerre mondiale permettra des avancées notables dans la volonté d'instauration d'une juridiction pénale internationale.

PARAGRAPHE 2 : DES AVANCÉES NOTABLES A NUREMBERG ET TOKYO

Il faut attendre la fin de la Seconde Guerre mondiale pour voir apparaître les premières juridictions internationales pénales avec les deux tribunaux militaires de Nuremberg et de Tokyo. L'idée de ces tribunaux a germé durant la guerre et repose sur la nécessité de refonder la démocratie et la paix en s'appuyant sur la justice, qui vient alors suppléer la violence.

Il ne s'agit pas d'un droit du moment, mais d'un moment dans le droit, car nous sommes en face d'un procès équitable qui souligne la prise de conscience de la communauté internationale quant à la nécessité de se plier à une exigence impérative, celle de poursuivre, elle-même, les auteurs des infractions les plus graves[32].

Il est nécessaire de présenter les tribunaux de Nuremberg et de Tokyo pour comprendre leur impact sur le développement du Droit International pénal.

1. La création des tribunaux de Nuremberg et Tokyo

La fin de la Deuxième Guerre mondiale voit apparaître les premières juridictions internationales pénales dont les tribunaux de Nuremberg et de Tokyo.

L'institution du TMIN (Tribunal Militaire International de Nuremberg) répond à la volonté des alliés d'identifier les responsables des violations graves des lois et coutumes de la guerre commises durant le second conflit mondial ; alliés partagés entre une solution expéditive et un procès démontrant le droit à un procès équitable.

Le TMIN est établi par l'accord de Londres du 08 août 1945 également appelé «Charte de Nuremberg ». Cet accord dénommé « Accord entre le Gouvernement Provisoire de la République Française et les Gouvernements des États- Unis d'Amérique, du Royaume Uni de Grande-Bretagne et d'Irlande du Nord et de l'Union des Républiques Socialistes Soviétiques concernant la poursuite et le châtiment des grands criminels de guerre des Puissances européennes de l'Axe. », se réfère à la volonté des Nations Unies de traduire en justice les criminels de guerre. Dans ses considérants[33], les auteurs de l'accord justifient la création d'une juridiction internationale par la nécessité de poursuivre les grands criminels dont les crimes sont sans localisation

---

[32] Thomas Joie. *Les origines de la cour pénale internationale.* Faculté de droit virtuelle Lyon 3 disponible sur le site : http://fdv.univ-lyon3.fr.

[33] Accord de Londres du 8 août 1945.

géographique. Ces types de crimes devaient être punis par une décision commune des gouvernements alliés, d'où l'instauration d'un tribunal international pour juger de ces faits. L'article 2[34] de l'accord précité prévoit que le fonctionnement du tribunal est prévu dans un Statut annexé à l'accord.

Il est composé de quatre (4) juges et de quatre (4) Procureurs émanant des puissances victorieuses. Il est chargé de juger les principaux responsables du régime *Nazi*, 24 au total dont l'un par contumace (Martin Bormann).

Le Tribunal de Nuremberg fut complété par la Loi n°10 du Conseil de Contrôle des Alliés adoptée le 20 décembre 1945[35]à Berlin autorisant les alliés à appréhender les criminels de guerre et assimilés autres que ceux ayant été poursuivis par le TMI de Nuremberg.

Le Tribunal de Tokyo moins connu que celui de Nuremberg a pourtant fonctionné suivant les mêmes principes tout en possédant sa propre Charte. Il fut établi par le Commandant en chef des États-Unis au Japon qui y nomma les onze juges du tribunal incluant ceux proposés par liste par les puissances alliées. Il fonctionna du 3 mai 1946 jusqu'en novembre 1948.

Dès 1942, par la déclaration de saint James, les représentants des dix-huit nations avaient affirmé leur volonté de poursuivre les criminels de guerre dans le cadre d'une juridiction internationale. Toutefois, cette déclaration ne prenait en compte que les crimes nazis. La

---

[34] Article 2 de l'accord *La constitution, la juridiction et les fonctions du Tribunal Militaire International sont prévues dans le Statut annexé au présent Accord, ce Statut formant partie intégrante de l'Accord.*

[35] Le 20 décembre 1945, le conseil de contrôle des alliés adopte une loi N° 10 qui permet de tenir des procès dans chaque zone de contrôle alliés sur les bases du Statut de Londres et de créer en Allemagne une base juridique uniforme pour les poursuites judiciaires contre les criminels de guerre autres que ceux jugés par le TMIN.

déclaration de Moscou sera l'occasion pour les puissances alliées de préciser que les criminels qui avaient commis des crimes sans localisation géographique seraient poursuivis par une instance internationale. Cette idée permettra la création du Tribunal pour l'extrême orient. Une commission des crimes de guerre des Nations Unies est créée pour répertorier les criminels de guerre. Le Tribunal Militaire pour l'Extrême Orient (TMEO) sera créé à la proclamation de Postdam[36] ; il trouve son origine également dans la conférence du Caire du 1er décembre 1943. Au cours de cette conférence, les puissances alliées à savoir la Chine, les États Unies, la grande Bretagne décident de mettre un terme à la guerre. Les alliés font savoir à cette déclaration qu'une stricte justice doit sanctionner tous les criminels de guerre et notamment ceux ayant commis des cruautés sur les prisonniers. Le bombardement d'Hiroshima et de Nagasaki ainsi que l'entrée en guerre de l'URSS contre le Japon, affaiblit l'armée nipponne qui finit, par capituler le 15 Août 1945.

Qu'en est-il des compétences de ces tribunaux ?

Le tribunal de Nuremberg est compétent pour trois chefs d'accusation. Ils sont définis par l'article six[37] du Statut de Nuremberg.

D'abord, les crimes contre la paix et complot. Ces crimes sont compris comme : la direction, la préparation, le déclenchement ou la poursuite d'une guerre d'agression ou d'une guerre de violation des traités.

---

[36]La conférence de Postdam s'est tenue le 26 juillet 1945. Elle rend public les conditions d'une reddition du japon et fait connaitre l'intention des alliés de poursuivre en justice les criminels de guerre japonais. Toutefois, l'URSS, lié au japon par un pacte de non agression s'est abstenu de prendre part au vote de cette décision.

[37] Les crimes définis par l'article 6 du statut sont :

(a) *les crimes contre la paix*

(b) Les Crimes de Guerre

(c) Les Crimes contre l'Humanité

Ensuite les crimes de guerre qui concernent la violation des lois et coutumes de la guerre pouvant comprendre l'assassinat et les mauvais traitements contre les populations civiles, l'exécution d'otages, le pillage de biens. La restriction à ce niveau est que les alliés ne poursuivent que les crimes commis par les personnes se trouvant sous le pouvoir des nazis, et non ceux commis lors d'affrontements directs entre belligérants ou de bombardements d'objectifs non militaires[38].

Enfin les crimes contre l'humanité comprenant l'assassinat, l'extermination, la réduction en esclavage, la déportation, et tout acte inhumain ou dégradant contre les populations civiles. L'article 6 c du Statut de Rome donne une liste des comportements illicites entrant dans cette catégorie de crimes. Ce sont entre autres : l'assassinat, l'extermination, la réduction en esclavage, la déportation, et tout autre acte inhumain commis contre toutes populations civiles, avant ou pendant la guerre, ou bien les persécutions pour des motifs politiques, raciaux ou religieux (…).

La nature des crimes soumis à la juridiction du tribunal est précisée dans son article 5. Le tribunal de Tokyo était destiné à juger les « *criminels de rang A* » tout comme le tribunal militaire de Nuremberg. Les accusés étaient répartis en trois catégories « *A* » « *B* » et « *C* » : les accusés « *A* » étaient accusés de crimes contre la paix ; les accusés « *B* » étaient accusés de crimes de guerre et les accusés « *C* » de crimes assimilés à des crimes contre l'humanité. Seuls les accusés de la catégorie « *A* » (au nombre de 25) furent traduits devant le Tribunal de Tokyo les accusés « *B* » et « *C* » furent jugés par des tribunaux militaires alliés.

---

[38] Eric David, *"L'actualité juridique de Nuremberg", in Le procès de Nuremberg. Conséquences et actualisation*, Colloque du 27 mars 1987, Bruxelles : Bruylant, 1988.

Le tribunal visait uniquement les hautes sphères du pouvoir, les personnes qui avaient planifié et dirigé la guerre c'est-à-dire les dirigeants d'un pays et les très hauts militaires. Le tribunal de Nuremberg considéré comme pionnier dans le domaine de la justice internationale servait de référence aux avocats et aux juges du procès de Tokyo.

Le tribunal de Nuremberg tout comme celui de Tokyo avait une compétence rétroactive.

L'établissement de ces deux juridictions répond à la nécessité de juger les personnes physiques ayant commis les pires atrocités pendant la Deuxième Guerre mondiale. L'article 1 de l'accord de Londres du 8 août 1945 prévoyait à cet effet qu'un Tribunal Militaire International sera établi après consultation avec le Conseil de Contrôle en Allemagne pour juger les criminels de guerre dont les crimes sont sans localisation géographique précise, qu'ils soient accusés individuellement, ou à titre de membres d'organisations ou de groupements, ou à ce double titre.

Le tribunal militaire de Tokyo était composé de onze juges, soit un pour chaque pays victorieux. Les décisions et jugements de ce tribunal y compris les avis et les sentences étaient pris par un vote majoritaire des membres du tribunal présent.

Ces tribunaux ont eu un impact certain sur le développement de la justice internationale pénale.

2. L'impact de ces tribunaux sur le développement de la justice internationale pénale

Ces tribunaux, quoique controversés, ont permis des avancées en Droit International pénal.

a) Des tribunaux controversés

1) Une justice internationale des vainqueurs

Robert Jackson, représentant du ministère public auprès du TMIN déclarait à propos de l'équité de la justice que si l'on choisit de faire passer les criminels en jugement, il faut bien se rendre compte que les tribunaux jugent des cas, mais que ces cas jugent aussi. On ne peut pas instruire de procès quand on n'a pas réellement l'intention de relâcher les prévenus si leur culpabilité n'est pas prouvée clairement. L'opinion mondiale n'approuvera jamais un tribunal créé pour condamner et toute procédure conduite par des juristes dignes de ce nom ne peut être régulière ; on ne saurait attendre une parodie de justice ratifiant une décision prise à l'avance.

Malgré ces précautions, certains facteurs ont contribué à discréditer le tribunal aux yeux d'une partie de l'opinion publique. En effet, l'impossibilité pour les défenseurs de se plaindre de la composition du tribunal a fait dire à certains observateurs que le tribunal de Nuremberg n'était pas impartial, car bien que provenant de plusieurs pays, ce qui lui donnait un caractère international, il ne représentait que les vainqueurs de la Deuxième Guerre mondiale c'est-à-dire les alliés.

La recherche d'une justice à la fin de la Deuxième Guerre mondiale est clairement exprimée par Robert Jackson dans sa déclaration liminaire en ces termes : Nous ne devons jamais oublier que ces faits pour lesquels nous jugeons ces accusés sont ceux pour lesquels l'histoire nous jugera demain. Leur donner une coupe empoisonnée, c'est aussi la porter à nos lèvres. Nous devons accomplir notre tâche avec détachement et intégrité intellectuelle afin que ce procès représente pour la postérité la réalisation des aspirations humaines à la justice.

Par ailleurs, il est important de souligner que les définitions ad hoc des crimes de guerre et des crimes contre l'humanité violent certains principes fondamentaux du Droit notamment la non-rétroactivité des lois pénales. Par ailleurs, l'infraction des crimes contre la paix selon les pactes internationaux n'était imputable qu'aux seuls États à l'exception des individus. Ainsi, les accusés ne devraient pas être inculpés de ce chef d'accusation.

Il faudrait également ajouter que les crimes des alliés ne furent pas pris en compte. Le massacre de Katyn pourrait être cité à titre d'exemple. Ces considérations ont fait dire à Poliakov, parlant de cette époque, qu'*à dater de maintenant, il y a deux genres de Droit International, un pour les Allemands, l'autre pour le reste du monde*[39].

Le TMEO était composé de onze juges, soit un représentant pour chaque pays victorieux[40]. Tous les jugements et décisions de ce tribunal, y compris les avis et les sentences, étaient pris par un vote majoritaire des membres du tribunal présents. Au cas où le nombre de voix était égal, celle du Président était décisive selon l'article 4 de la charte du tribunal. Contrairement à Nuremberg, les juges n'avaient pas de remplaçants. Ainsi, en cas d'absence, leurs avis n'étaient pas pris en compte. Le tribunal de Tokyo tout comme celui de Nuremberg fut considéré, de par sa composition, comme un tribunal des vainqueurs ayant un caractère multinational et non international. En effet, il ne reflétait pas un jugement des Nations Unies, mais une décision des pays vainqueurs.

Le TMEO cristallise plus de critiques que le tribunal de Nuremberg. La principale réside dans l'absence d'inculpation et de jugement des actions des alliés.

---

[39] POLIAKOV Léon. *Le bréviaire de la haine*. Paris : Calmann-Levi, 1951.

[40] Les onze juges provenaient des Etats unis, de l'Union Soviétique, du Royaume Uni, de la France, des Pays Bas, de la Chine, de l'Australie, de la Nouvelle Zélande, du Canada, de l'Inde et des Philippines.

L'URSS aurait dû être mise en cause pour crime d'agression dans la mesure où, au cours des derniers jours de la guerre, elle a rompu le pacte de neutralité qui la liait au Japon, signé le 13 avril 1943. Par ailleurs, les attaques des populations non combattantes perpétrées par les puissances alliées n'ont pas été incluses dans les compétences du tribunal ; le bombardement d'Hiroshima et de Nagasaki n'a pas été évoqué.

Isabelle Flandrois rappelle que si les crimes d'agression et le massacre des populations ne participant pas aux combats étaient considérés comme des crimes pour ce tribunal, les alliés auraient dû être présents également sur le banc des accusés. À ce titre, le juriste japonais Onuma Yasuaki décrit le TMEO comme *un tribunal politique et inéquitable qui a jugé les actes de l'axe, mais pas ceux des alliés*[41].

Tout comme à Nuremberg, les puissances alliées ont influencé considérablement les procès. Dans le cas du tribunal de Tokyo, les États Unis ont exercé un contrôle quasi exclusif sur tout le procès.

2) *Une sentence et une portée limitée des jugements*

L'article 1er du TMEO indiquait que celui-ci était établi *pour le juste et prompt châtiment des grands criminels de guerre de l'extrême orient*. Cet article fait ressortir la dimension morale accordée à ces procès, la volonté de punir les vaincus qui caractérise ce tribunal. Par ailleurs, celui-ci avait le pouvoir de « condamner un accusé reconnu coupable, à mort ou toute autre peine qu'il estimera juste »[42]. La possibilité de condamner un accusé à

[41]Onuma YASUAKI, cité dans « le tribunal militaire international de Tokyo » d'Elodie COSTES, Alexis HARNEQUAUX, Camille TRIPOTEAU disponible sur le site http://www.ut-capitole.fr.

[42] Article 16 du tribunal de la charte du Tribunal Militaire pour l'extrême orient.

mort ne contrevenait pas au Droit International contemporain. La peine de mort est aujourd'hui considérée comme une peine inhumaine et incompatible avec le Droit International.

La charte du TMEO ne prévoyait pas de voie de recours. Ainsi, les accusés n'eurent-ils pas la possibilité de faire appel des différentes peines qui étaient prononcées à leur encontre. Une mesure palliative à ce manquement était toutefois contenue dans l'article 17 de la charte du TMIN qui prévoyait que le commandant en chef suprême pour les puissances alliées pouvait « à tout moment atténuer la sentence ou la modifier de toute autre façon, sauf l'aggraver ». Il faut noter que cette absence de procédure de recours en appel constitue un manquement important par rapport aux droits de la défense[43].

Par ailleurs, aucune sentence au niveau du TMEO n'a été prise à l'unanimité des suffrages des onze juges. Ces sentences étaient prises à la majorité des membres du tribunal présent y compris celles prononçant une peine de mort à l'encontre des accusés. Les opinions dissidentes exprimées par les juges[44] contribuèrent à semer le trouble

---

[43] Les droits de la défense sont les prérogatives que possède une personne pour se défendre pendant un procès.
Les droits de la défense s'entendent aussi bien au stade de l'enquête que de la phase d'instruction ou de jugement.

- Toute personne a droit à ce que sa cause soit entendue par un tribunal indépendant et impartial et dans un délai raisonnable.
- Toute personne accusée doit disposer du temps et des facilités nécessaires à la préparation de sa défense et de la possibilité de communiquer avec le conseil de son choix.
- Toute personne doit pouvoir se défendre en Justice, que ce soit personnellement, ou bien assistée par un avocat.

[44] Comme le rappelle Isabelle Flandrois, ce n'est pas tant l'absence d'unanimité qui est surprenant mais le fait que certaines opinions s'éloignent considérablement du jugement majoritaire. Les divergences publiques d'opinion, démontrent les difficultés rencontrées par le tribunal et ses limites.

lors de la révélation des sanctions. Certains systèmes judiciaires en droit interne prévoient que les condamnations à la peine de mort soient prises à l'unanimité du jury. En effet, aucun doute ne doit subsister avant toute condamnation, encore moins pour une condamnation à mort.

Aussi, tous les accusés reconnus coupables et condamnés à des peines de prison sont libérés sur parole en 1955[45].

Malgré ces critiques, on note quelques avancées en Droit International pénal.

b) *Les avancées dans le domaine du Droit International Pénal*

Ces avancées peuvent être perçues sous l'angle de la cristallisation des Principes Généraux de Droit (PGD). Leur rôle dans l'avènement d'une CPI est également indéniable.

1) La cristallisation de principes généraux du Droit International Pénal

Le tribunal militaire de Nuremberg tout comme celui de Tokyo, à travers les jugements des accusés a initié la reconnaissance de la responsabilité individuelle des accusés et par conséquent l'existence de la personnalité juridique internationale reconnue aux individus, ce qui constitue une avancée importante pour le Droit International.

Le Tribunal de Nuremberg rendit son jugement le 1er octobre 1946. Il établit un certain nombre de principes qui cristallisèrent le Droit International pénal :

D'abord, le rejet de la violation du principe de légalité[46] allégué par les défendeurs. En effet, le tribunal tranchera

[45] Ces libérations sont en grande partie liées au contexte politique international de l'époque.

pour dire que les crimes commis étaient considérés comme des crimes avant l'entrée en vigueur du Statut du TMIN. Seules les sanctions, et non l'infraction, étaient inconnues.

Henri Donnedieu de Vabres dira à ce propos qu' il est indéniable que le principe de légalité est battu en brèche par la décision du tribunal militaire international. (...) le tribunal militaire international est une juridiction ad hoc, dont l'institution est postérieure aux infractions qu'il reçoit mission de réprimer. Les incriminations sont vagues, les peines presque entièrement laissées à l'appréciation discrétionnaire des juges[47].

De Vabres continue pour dire que le tribunal n'exclut pas du Droit International la règle Nullum crimen, nulla poena sine lege. Mais, il l'assouplit pour l'adapter aux variations multiples (...). Ainsi entendue, la règle exige la connaissance, par l'agent, du caractère délictueux des faits imputés. Mais elle n'implique ni une définition rigoureuse de l'infraction ni l'énonciation précise de peines encourues.[48]

Ensuite, le rejet de la doctrine de la souveraineté justifiant l'exclusion de la responsabilité personnelle des accusés[49].

---

[46]Dans un extrait du jugement du TMIN, dans l'affaire Göring et consorts rendue le 1er octobre 1946, le tribunal déclare que les principes "Nullum crimen sine lege, Nulla poena sine lege ne peuvent être retenues pour exempter les criminels. « *Nullum crimen sine lege ne limite pas la souveraineté des Etats ; elle ne formule qu'une règle généralement suivie. La conscience du monde, bien loin d'être offensée s'il est puni, serait choquée s'il ne l'était pas.* » A. Cassesse &all, *les grands arrêts de Droit International pénal*, Paris : Dalloz, 2010.

[47] Henri Donnedieu De Vabres, Mémorandum présenté par le délégué de la France. Projet de création d'une juridiction criminelle internationale, document ONU A/AC.10/27, 1947.

[48]Idem.

[49] Le TMIN dans l'affaire Göring et consorts précité dispose à ce propos : *« il est admis, depuis longtemps, que le Droit International*

Enfin, le développement de la notion de crime contre l'humanité (différente de celle d'aujourd'hui pour permettre la répression des exactions commises par les nazis contre les populations des pays alliés du 3e Reich ; le crime contre l'humanité n'était pas reconnu juridiquement avant le Statut du TMIN.)

2) Les tribunaux de Nuremberg et de Tokyo, prémices à la création de la CPI

Le tribunal militaire de Nuremberg, tout comme celui de Tokyo, a permis des avancées conséquentes en faveur du développement de la justice pénale internationale. Tout d'abord le TMEO et le tribunal de Nuremberg ont jugé uniquement les individus, consacrant ainsi la responsabilité individuelle de ces personnes non seulement de leur fait, mais aussi du fait de personnes agissant sous leur autorité.

L'individu constitue de ce fait un sujet de Droit International à part entière. Une telle reconnaissance était novatrice dans la mesure où jusque-là, seuls les États disposaient de la personnalité juridique au plan international. Le tribunal, en établissant la responsabilité individuelle des accusés réduit la souveraineté étatique sur le plan international. Salvatore Zappala reprendra les propos du juge du TMIN dans l'affaire Göring et consort en affirmant que : *le principe clé exprimé dans le jugement du tribunal de Nuremberg est que ce sont les hommes et non les entités abstraites tels les États qui commettent les crimes dont la répression s'impose, comme sanction du Droit International.* [50]. À Nuremberg, la combinaison de

---

impose des devoirs et des responsabilités aux personnes physiques. Ce sont des hommes, et non des entités abstraites, qui, commettent des crimes dont la répression s'impose comme sanction du Droit International. » In *les grands arrêts de Droit International pénal. op. cit. page 66.*

[50] Salvatore ZAPPALA, op. cit P. 22

deux principes a été déterminante; d'une part, la non-exonération de la responsabilité pénale internationale quelle que soit la qualité officielle ; d'autre part, la non-exonération du subordonné en cas d'exécution d'ordre provenant du supérieur hiérarchique.

Par ailleurs, la définition du génocide découle directement du procès, même si le mot n'y est pas prononcé. Le terme de génocide est ainsi utilisé pour définir les crimes de guerre (et non les crimes contre l'humanité) dans la résolution de l'ONU de 1946, puis dans la Convention pour la prévention et la répression du crime de génocide adopté par l'ONU en 1948.

Le Tribunal Militaire pour l'Extrême Orient a, quant à lui, consacré les droits de la défense. À titre illustratif, on pourrait citer l'article 6 de la Charte qui dispose que le tribunal reconnaît à un accusé des circonstances, considérées comme atténuantes, s'il a agi conformément aux ordres de son supérieur hiérarchique.

Le tribunal militaire de Tokyo s'inscrit dans la droite ligne de celui de Nuremberg. Considérant son apport pour le développement de la justice internationale, Pierre Chaunu déclare à ce propos que *ce procès bourgeon valorise l'originalité et l'éclat du travail fourni plus rapidement et sobrement à Nuremberg*[51].Ces deux tribunaux ont permis d'établir une juridiction pénale internationale pour juger des crimes qui, auparavant, ne pouvaient se dérouler que dans le cadre interne. Ils battent en brèche également la sacro-sainte règle de l'immunité des chefs d'État pour les crimes de guerre et les crimes contre l'humanité.

La création des tribunaux de Nuremberg et Tokyo constitue une prompte réaction des vainqueurs aux

---

[51] Pierre Chaunu, cité dans « le tribunal militaire international de Tokyo » d'Elodie Costes, Alexis Harquenaux, Camille Tripoteau disponible sur le site http://www.ut-capitole.fr.

atrocités commises pendant la guerre, partant du fait que ces crimes ne devaient pas rester impunis et que les jugements étaient nécessaires pour la paix et la stabilité internationale future. La cruauté et les atrocités de la guerre ont permis de prendre conscience de l'importance et de la nécessité de la paix, une paix durable, obtenue par l'intermédiaire de la justice. Pour certains, ces tribunaux étaient loin d'atteindre ces objectifs de justice et de paix puisqu'ils se présentaient comme une justice à sens unique. D'autres, tel Salvatore Zappala, s'insurgent contre cette idée. Pour lui, *on affirme parfois [parlant de Nuremberg et Tokyo] que justice a été faite de façon sélective et donc inadéquate (...) cependant, à bien regarder, il s'agit de contestations qui ne sont pas suffisantes pour ternir la grande importance juridique et morale de cette expérience*[52].

En tout état de cause, les règles posées par le Statut de Nuremberg ont profondément inspiré le CDI pour la rédaction de la convention contre la torture en 1948 et plus tard la rédaction du Statut de la CPI. Cette deuxième vague qui conduira à la rédaction du Statut de Rome sera encadrée au sein des Nations Unies.

[52] Salvatore ZAPPALA, op. cit. Page 22.

SECTION 2 : UNE ÉVOLUTION ENCADRÉE AU SEIN DES NATIONS UNIES

Les fondements historiques de la création de la CPI font ressortir deux moments; pendant que le premier se faisait au gré des tragédies humaines, le deuxième se déroule au sein de l'Organisation des Nations Unies (ONU). Cette dernière a été fondée en 1945, après la Seconde Guerre mondiale, par 51 pays déterminés à maintenir la paix et la sécurité internationales, à développer des relations amicales entre les nations, à promouvoir le progrès social, à instaurer de meilleures conditions de vie et à accroître le respect des Droits de l'Homme.

Cette instance se chargera à travers ses organes que sont l'Assemblée Générale et le Conseil de Sécurité, de faire avancer l'idée de la création d'une juridiction capable de réprimer les violations graves des Droits humains.

PARAGRAPHE 1 : LE RÔLE DE L'ASSEMBLÉE GÉNÉRALE DES NATIONS UNIES

L'Assemblée Générale des Nations Unies fut le premier organe à reprendre l'idée de création d'une cour pénale permanente. Elle agit avant et après la guerre froide, période de tension et de conflit latent après la Deuxième Guerre mondiale.

D'une part, on constate une évolution fulgurante qui sera par la suite freinée par la guerre froide, et d'autre part, une reprise décisive après l'effondrement du bloc communiste mettant fin à la guerre froide.

1) Une évolution fulgurante freinée par la guerre froide

Les tribunaux érigés après la Deuxième Guerre mondiale, spécifiquement celui de Nuremberg, ont laissé un héritage juridique qui occupe une place essentielle dans le Droit International par la pérennisation qu'en a faite l'Assemblée Générale des Nations Unies.

Celle-ci a joué un rôle important dans la création de la CPI à travers la Commission du Droit International (CDI)[53]. En 1947, dans sa résolution AG 177 (II)[54], l'Assemblée Générale demanda à la CDI de préparer, en même temps que les principes de Nuremberg, un projet de code des infractions contre la paix et la sécurité humaine.

L'Assemblée Générale a exigé que la Commission du Droit International formule les principes du Droit International reconnus dans la Charte et le jugement du tribunal de Nuremberg[55]. Ainsi, les principes du Droit International reconnus dans la charte de Nuremberg et les jugements de Nuremberg, formulés par la CDI, ont-ils été affirmés par l'Assemblée Générale des Nations Unies dans sa résolution 95 (1)[56].

Sept (7) principes seront dégagés par la CDI et transcrits dans la résolution précitée. Pour Misa Zgonec-Rozej, bien que l'Assemblée Générale ne les ait jamais endossés sous la forme d'un instrument juridique contraignant, les « *principes de Nuremberg*[57] » ont joué un

---

[53] La CDI était un groupe d'experts désigné par l'Assemblée Générale et chargé de la codification et de l'élaboration progressive du Droit International. Rés. AG 174 (II) du 17 novembre 1947.

[54] Résolution AG 177 (II) de l'Assemblée Générale des Nations Unies du 21 novembre 1947.

[55] Résolution AG 177 (II) de l'Assemblée Générale des Nations Unies du 21 novembre 1947.

[56] Résolution AG 95 (I), document ONU A/1316 de l'Assemblée Générale des Nations Unies du 11 décembre 1950 ; principes du Droit International reconnus dans la charte de Nuremberg et le jugement du tribunal.

[57] Rapport de la Commission du Droit International à l'Assemblée Générale, No 12, Document ONU A/1316 (1950).

rôle important dans le développement du Droit International pénal [58].

Les notions de « *crimes contre l'humanité* » et de « *crimes de génocides* », consacrées par les jugements de Nuremberg furent repris par l'assemblée Générale des Nations unies, qui par la suite, leur conférera un caractère imprescriptible.

Aussi, faut-il rappeler que certaines dispositions de la convention pour la prévention et la répression du génocide, adoptée par les Nations Unies le 9 décembre 1948 à travers la résolution 260 A (III), laissaient présager la création future de la Cour. Toutefois, la convention ne se prononçait pas sur la méthode et les moyens de création.

En effet, la convention disposait en son article VI : « les personnes accusées de génocide ou de l'un quelconque des autres actes énumérés à l'article III seront traduites devant les tribunaux compétents de l'État sur le territoire duquel l'acte a été commis, ou devant la cour criminelle internationale qui sera compétente à l'égard de celles des parties contractantes qui en auront reconnu la juridiction ».

Dans sa résolution 49/53 du 9 décembre 1948, l'Assemblée Générale de l'ONU invita la Commission du Droit International (CDI) à *examiner s'il [était] souhaitable et possible de créer un organe judiciaire international chargé de juger les personnes accusées de génocide*[59].

Les conclusions de la CDI étaient qu'il était souhaitable et possible de le faire ; elle reçut donc mandat pour travailler à la création d'une CPI permanente. En 1950,

---

[58] Misa Zgonec-Rozej & all, Manuel de Droit International pénal, International Bar Association, disponible sur le site http://www.ibanet.org/

[59] Nations Unies, *la Commission du Droit International et son œuvre*, 7ème édition, Vol. 1, New York : Nations Unies, 2009.

l'Assemblée Générale créa un comité spécial au sein de la CDI chargé de travailler à la création d'une juridiction pénale internationale. Ce comité avait pour mission d'élaborer des propositions concrètes en vue de l'établissement d'une CPI à même d'administrer le code des crimes contre la paix que le CDI élaborait parallèlement. Cette dernière produisit le premier projet de Statut en 1951 qui fut révisé en 1953[60]. Mais l'absence de consensus concernant la définition du « *crime d'agression* » conduisit à arrêter ce projet. La guerre froide qui prévalait à cette époque a fortement influencé les négociations et a rendu le projet de création presque irréalisable.

Il faudra attendre la fin de la guerre froide pour la reprise du projet.

2) Une reprise décisive après la guerre froide

La reprise des travaux pour la création d'une CPI permanente doit être mise à l'actif de Trinité et Tobago. En 1989, ce pays s'adresse à l'Assemblée Générale des Nations Unies pour suggérer la constitution d'un forum judiciaire international qui serait chargé des poursuites judiciaires pour le trafic de stupéfiants. En 1989, l'Assemblée Générale demandait à la CDI de s'en occuper et, en 1990, elle déposait un rapport qui dépassait les limites de la question relative au trafic de stupéfiants puisqu'elle évoquait celle de la création d'une CPI. Le rapport reçut un accueil favorable, et la commission fut encouragée à poursuivre son projet et reprit la tâche entreprise dans les années 1940 ; celle-ci consistait à

---

60 *Report of the committee on International Criminal Jurisdiction*, document ONU A/2645 (1954).

rédiger le Statut d'une éventuelle cour pénale internationale, chargée de juger tous les crimes[61].

En 1994, la CDI adopta la version définitive du projet de Statut pour une CPI. Le projet portait essentiellement sur les questions de procédures et d'organisation laissant inchangés les définitions de crimes et les principes juridiques. Sur sa recommandation, l'Assemblée Générale décidait de la mise sur pied d'un comité ad hoc ouvert à tous les membres des Nations Unies, ayant le mandat, entre autres, de convoquer une conférence diplomatique.

En 1995 fut convoqué un Comité préparatoire ; les États membres des Nations Unies, des organisations non gouvernementales et diverses organisations internationales étaient invités à y participer. Il avait pour objet de discuter plus amplement des principales questions matérielles et administratives découlant du Projet de Statut préparé par la CDI.

Le Comité préparatoire organisa plusieurs réunions entre 1996 et 1998 qui aboutirent à la rédaction d'un Projet de Statut. À l'issue de ce processus, la plupart des dispositions de celui élaboré à l'origine par la CDI furent amendées.

Il fut présenté à la Conférence diplomatique des plénipotentiaires portant sur l'établissement d'une CPI, convoquée par l'Assemblée Générale le 15 juin 1998 à Rome. Les questions, objets de controverses, débattues lors de la conférence, portèrent sur le rôle du Conseil de Sécurité, sur la liste des grands crimes vis-à-vis desquels la cour aurait compétence inhérente et sur l'ampleur de sa compétence vis-à-vis d'individus n'étant pas des ressortissants des États parties.

---

[61] Cherif Bassiouni, *the Statute of the International Criminal Court: A Documentary History*, New York: Transnational Publishers Ardsley, 1998.

Après être parvenu à un compromis, le Statut a été adopté le 17 juillet 1998 par 120 voix pour, 21 abstentions et 7 voix contre[62]. Outre le Statut, la Conférence diplomatique adopta un acte final prévoyant l'établissement d'une Commission préparatoire par l'Assemblée Générale des Nations Unies, dont la fonction serait de rédiger un certain nombre de documents cruciaux au fonctionnement de la CPI.

La Commission était principalement chargée de rédiger le Règlement de Procédure et de Preuve de la CPI et les éléments constitutifs des crimes de la CPI, mission qu'elle accomplit avant le 30 juin 2000, date à laquelle ces instruments ont également été adoptés par accord général entre les États parties.

L'Assemblée des États parties adopta officiellement ces deux documents lors de la première session tenue les 3 et 10 septembre 2002. Le Statut de la CPI est entré en vigueur le 1er juillet 2002, Plus de cinquante (50) ans après la création des tribunaux de Nuremberg et de Tokyo et l'approbation des principes de Nuremberg de la part de l'Assemblée Générale des Nations Unies, la communauté internationale a finalement réussi à se doter d'une CPI permanente pour juger les responsables de crimes internationaux.

Néanmoins, il ne faut pas omettre de souligner qu'avant l'entrée en vigueur du Statut, le conflit en ex- Yougoslavie en 1993 et le génocide rwandais en 1994 ont conduit le Conseil de Sécurité, organe politique de l'ONU, à créer les Tribunaux Pénaux Internationaux, (TPI) pour pallier la non-existence de juridiction telle la CPI.

---

[62] Les sept (7) Etats qui ont voté contre sont les Etats-Unis, la Lybie, Israël, l'Irak, la Chine, la Syrie et le soudan.

PARAGRAPHE 2 : LA CRÉATION DES TPI PAR LE CONSEIL DE SÉCURITÉ

À l'instar des sursauts précédents que furent Nuremberg et Tokyo, ce furent des conflits de grandes ampleurs qui ont justifié la résurgence de l'idée de mettre en place un tribunal pénal international. Pour la première fois depuis Nuremberg et Tokyo, la répression pénale internationale des crimes considérés comme des offenses à l'humanité tout entière devenait réalité.

Renouveau du Droit International pénal après un demi-siècle de léthargie, les TPI, créés par le Conseil de Sécurité des Nations Unies, après les conflits en ex-Yougoslavie et au Rwanda, apparaissent comme une panacée pour répondre à l'incapacité de la communauté internationale à créer un organe judiciaire pénale permanent et international capable de juger les crimes internationaux. Ceux-ci sont définis par Salvatore Zappala comme *certaines violations particulièrement graves du Droit International dont découle la responsabilité pénale individuelle de ceux qui l'ont commise* [63].

Seront exposés le contexte de leur création et la portée de ces tribunaux dans le développement du Droit International pénal.

1) La création des TPI

Seront passés en revue le contexte de création et la composition ainsi que les compétences attribuées aux TPI.

a) Le contexte et la composition

Le Tribunal Pénal International pour l'Ex-Yougoslavie et le Tribunal Pénal International pour le Rwanda (TPIR) furent créés par des résolutions du Conseil de Sécurité des Nations Unies sous le couvert du chapitre VII de la charte des Nations Unies.

---

[63] Salvatore Zappala, Op. Cit p.22.

Les articles 29[64] et 41[65] combinés de la Charte permettent au Conseil de Sécurité de prendre toutes mesures pour le rétablissement de la paix. Organes subsidiaires des Nations Unies, ils constituent une autre forme de manifestation de la justice pénale internationale.

Le TPIY a été institué le 22 février 1993 par la résolution 808 du 22 février 1993 et 827 du 25 mai 1993 du Conseil de Sécurité des Nations Unies. Dans sa résolution, le Conseil se déclare convaincu de créer un tribunal pour contribuer à maintenir la paix et la sécurité internationale. Il importe de relever que la juridiction internationale a été créée alors même que se poursuivaient les atrocités sur le terrain et les négociations au plan politique.

Le TPIY est basé à la Haye et est composé de 16 juges permanents, et de 12 juges *ad litem*[66]. Les Chambres de 1re instance sont composées de 3 juges permanents (plus un maximum de 6 juges *ad litem*) et siègent en section de 3 juges. La Chambre d'appel est composée de 7 juges permanents (5 TPIY + 2TPIR). Il est à préciser que la chambre d'appel est la même que celle du TPIR.

Le TPIR a été créé par la résolution du Conseil de Sécurité n°955 du 8 novembre 1994 en réponse au génocide contre les Tutsis et les Hutus modérés en avril 1994. Cette création visait à contribuer au processus de réconciliation nationale au Rwanda et au maintien de la paix dans la région. Le TPIR a été créé pour juger les

---

[64]L'article 29 de la charte des Nations Unies dispose : *le conseil de sécurité peut créer les organes subsidiaires qu'il juge nécessaires à l'exercice de ses fonctions.*

[65] L'article 41 de la charte op. cit. dispose : *le conseil de sécurité peut décider quelles mesures n'impliquant pas l'emploi de la force armée doivent être prises pour donner effet à ses décisions, et peut inviter les membres des Nations Unies à appliquer ces mesures (...).*

personnes présumées responsables d'actes de génocide et d'autres violations graves du Droit International pénal. La composition est la même que celle du TPIY. Le TPIR est basé à Arusha en Tanzanie.

Qu'en est-il de leurs compétences ?

b) Les compétences attribuées aux TPI

La création des deux tribunaux pénaux internationaux fut une innovation historique bien que leurs compétences soient limitées dans le temps et dans l'espace. Seront successivement analysées les compétences matérielle, personnelle et temporelle du TPIR et du TPIY.

b.1. La compétence ratione materiae

Le TPIY est compétent d'abord pour connaître du crime de génocide prévu à l'article 4 de son Statut, des crimes contre l'humanité, prévus en son article 5, des violations des lois et coutumes de la guerre, prévus en son article 3 et des infractions graves aux conventions de Genève de 1949, article 2.

Quant au TPIR, il est compétent pour connaître du crime de génocide, article 2 du Statut du TPIR, des crimes contre l'humanité, article 3, et des violations de l'article 3 commun aux quatre conventions de Genève de 1949, article 4. Il faut préciser que les crimes contre l'humanité contenus dans le Statut du TPIR doivent être commis pour des raisons nationales, ethniques, raciales ou religieuses.

Par ailleurs, le Statut du TPIR ne contient aucun article analogue à l'article 2 du Statut du TPIY. Cependant, son article 4 prévoit sa compétence sur les seules violations citées à l'article 3 commun aux conventions de Genève et du protocole additionnel II qui constitue le noyau du Droit applicable dans les conflits armés.

b.2. La compétence ratione loci et rationae personae

Le TPIY est compétent pour connaître des violations produites sur le territoire de l'ancienne République Fédérale Socialiste de Yougoslavie. Le TPIR, quant à lui, a compétence pour connaître des infractions perpétrées sur le territoire rwandais et celui des États voisins à condition que ces crimes aient été commis par des ressortissants rwandais. L'extension de la compétence territoriale du TPIR sur les territoires des États voisins que sont l'Ex-Zaïre, le Burundi, la Tanzanie et l'Ouganda pourraient s'expliquer par le fait que, pendant les troubles du Rwanda en 1994, de nombreux ressortissants rwandais avaient trouvé refuge dans ces pays ; des tueries étaient signalées de façon sporadique, qui s'inscrivaient vraisemblablement dans la continuité des événements[67].

b.3. La compétence ratione temporis

Faisant suite à des événements qui se sont inscrits dans une période déterminée, il était alors normal que les compétences temporelles soient hermétiquement fixées. C'est ainsi que le TPIY ne peut connaître que des crimes commis à partir du 1er janvier 1991.

Le TPIR a une compétence définie dans le temps plus réduite que celle du TPIY. Il ne peut connaître que des infractions contenues dans son Statut, commises entre le 01 janvier et le 31 décembre 1994. Toutefois, il est important de préciser que les juridictions nationales rwandaises poursuivent ces mêmes crimes en ayant une compétence temporelle dont le *dies a quo* est ramené jusqu'au 01 octobre 1990[68].

---

[67] M. Mubiala, *le tribunal pour le Rwanda : vraie ou fausse copie du Tribunal Pénal International pour l'ex-Yougoslavie ?* , RGDIP 1995.

[68] La loi organique n°08/96 du 30 août 1996 portant organisation des poursuites des infractions constitutives du crime de génocide ou de crimes contre l'humanité, commises à partir du 1er octobre 1990 in

Les TPI jouissent du principe de primauté sur les juridictions nationales. Ainsi, ils peuvent demander à toute juridiction nationale de se dessaisir d'une affaire à leur profit, en vue de poursuivre les principaux auteurs des infractions rentrant dans leur champ de compétences. Ils possèdent un Procureur indépendant, responsable des enquêtes et des poursuites, nommé par consensus par le Conseil de Sécurité des Nations Unies sur proposition de son Secrétaire Général. Les procès par contumace ne sont pas permis devant ces tribunaux contrairement à ceux de Nuremberg et Tokyo. Une autre différence réside dans le fait que les peines sont également limitées aux emprisonnements.

Quelle est la portée des TPI en Droit International ?

2) La portée des TPI

Tout comme les tribunaux de Nuremberg et de Tokyo, des critiques se sont fait entendre contre les TPI. Toutefois, cela n'entache en rien les apports de ces tribunaux au développement du Droit International pénal.

a) Quelques critiques à l'égard des TPI

Le Conseil de Sécurité de l'ONU a créé les TPI sous la base du chapitre IV de la charte qui institue l'organisation. Ce chapitre définit les actions prises en cas de menace de la paix, de la sécurité et d'agression. Les deux tribunaux internationaux se présentent comme des organes subsidiaires du Conseil de Sécurité créés en vertu de l'article 29[69] de la charte des Nations Unies. L'avantage de la procédure de création institutionnelle, à contrario des

---

journal officiel de la République du Rwanda, N° 17 du 11 septembre 1996.

[69] L'article 29 de la charte des Nations Unies dispose : *le conseil de sécurité peut créer les organes subsidiaires qu'il juge nécessaires à l'exercice de ses fonctions..*

procédures conventionnelles (traités) et des procédures sous forme de résolutions, sont qu'elle permet une plus grande célérité, car l'organe ainsi créé peut fonctionner immédiatement.

Mais le Conseil de Sécurité, organe politique peut-il créer un organe juridictionnel ? Peut-il accorder des compétences que lui-même ne possède pas ?

La question de la légalité des TPI a été utilisée par certains accusés comme une question préjudicielle à la tenue de leur Procès. Ainsi le tribunal ou la chambre d'appel avait à trancher préalablement cette question.

Les TPI, ayant la compétence de leur compétence ont eu à se prononcer sur leur légalité dans des décisions. Dans un cas pratique en effet, la chambre d'appel commune aux deux TPI a rendu le 2 octobre 1995 sa première décision. Dans l'affaire le Procureur contre Dusko Tadic, alias « Dule », la chambre d'appel, saisie d'une question d'exception préjudicielle d'incompétence concernant la possibilité pour le Conseil de Sécurité d'établir un organe subsidiaire doté de pouvoir judiciaire, répond ce qui suit: l'argument selon lequel ce Conseil n'étant pas doté de pouvoirs judiciaires, ne peut pas créer un organe qui en serait pourvu est insoutenable ; il résulte d'une erreur de compréhension fondamentale du cadre constitutionnel de la charte. De toute évidence, il n'est pas un organe judiciaire et il n'est pas doté de pouvoirs judiciaires (...). Sa fonction primordiale est le maintien de la paix et de la sécurité internationale, dont il s'acquitte en exerçant des pouvoirs de décision et d'exécution[70].

La cour poursuit pour dire que la création du tribunal international par le Conseil de Sécurité ne signifie pas,

[70]Arrêt rendu par la chambre d'appel commune aux deux TPI, dans *l'affaire le Procureur contre Dusko Tadic*, alias « Dule », concernant l'exception préjudicielle d'incompétence, paragraphe 37.

cependant, qu'il lui a délégué certaines de ses propres fonctions ou l'exercice de certains de ses propres pouvoirs. Elle ne signifie pas non plus, *a contrario*, qu'il usurpe une partie d'une fonction judiciaire qui ne lui appartient pas, mais qui, d'après la charte, relève d'autres organes des Nations Unies. Il a recouru à la création d'un organe judiciaire sous la forme d'un tribunal pénal international comme un instrument pour l'exercice de sa propre fonction principale de maintien de la paix et de la sécurité, c'est-à-dire comme une mesure contribuant au rétablissement de la paix et de la sécurité dans l'ex-Yougoslavie.[71]

Le tribunal affirmera, en outre, pour soutenir son argumentaire que l'absence de fonction administrative et de pouvoirs militaires et policiers n'a pas empêché l'Assemblée Générale des Nations Unies de créer le tribunal administratif en 1949[72] et la force d'urgence des Nations Unies en 1956[73]. Le tribunal conclut sur cette question pour dire que c'est dans le même esprit que le Conseil de Sécurité des Nations Unies (CSNU) a créé les TPI pour les besoins de la cause. La chambre d'appel ajoute que l'établissement d'un organe subsidiaire n'entraîne pas de pouvoirs ou de fonctions dévolues à l'organe principal[74].

Une exception du même genre s'est posée devant la chambre de 1ère instance II du TPIR. La chambre l'a rejetée en reconnaissant au Conseil de Sécurité un pouvoir discrétionnaire pour déterminer l'existence d'une menace contre la paix et la sécurité internationales et pour choisir

---

[71] Idem Paragraphe 38.

[72] A/Résolution de la 4ème session de l'Assemblée des Nations Unies, N°351 du 24 novembre 1949.

[73] A/Résolution de la 11ème session de l'Assemblée Générale des Nations Unies N°1000 (ES-I) du 5 novembre 1956.

[74] Arrêt Dusko Tadic, ibidem Paragraphe 38.

les moyens d'y mettre fin : la création du tribunal ferait donc partie de ses moyens[75].

Malgré ces développements tant textuels que jurisprudentiels, le TPIY est resté dans beaucoup d'esprits comme un tribunal illégal.

Des pesanteurs ont également entaché son fonctionnement qui méritent quelques développements. Les TPI se sont trouvés confrontés au problème de la coopération des États. En effet, le tribunal étant dépourvu de pouvoir coercitif, l'arrestation des inculpés dépend du bon vouloir des Etats concernés. Sans la coopération des États, les TPI sont impuissants. Quelques arrestations d'inculpés permettront d'étayer cette idée. En effet, Ratko Mladic, devant le TPIY en 1995, ne fut arrêté que le 26 mai 2011 et transféré au TPIY le 31 mai 2011. Son procès s'est ouvert le 16 mai 2012 soit dix-sept ans après son acte d'inculpation. De même que Radovan Karadzic, autre fugitif, inculpé en 1995, ne fut arrêté que le 22 juillet 2008 et transféré au TPIY le 30 juillet 2008. Son procès s'ouvre ainsi après une longue cavale de treize années.

Aussi, faudrait-il ajouter à ces pesanteurs le manque d'impartialité des juridictions soulevées par de nombreux observateurs. Ainsi, Olivier Corten, Professeur à l'Université libre de Bruxelles (ULB) et spécialiste en Droit International, affirmait-il dans une interview : *Milosevic n'aurait pas dû être le seul à se retrouver là. Des crimes de guerre et des crimes contre l'humanité ont aussi été commis par les forces croates et bosniaques qui ont aussi, une responsabilité dans les atrocités. Sur ce point, on peut s'interroger sur l'objectivité du TPIY.*[76]

---

[75] TPIR, affaire Kenyabashi, décision sur l'exception d'incompétence soulevée par la défense, du 18 juin 1997, paragraphe 20 in recueil (1995-1997).

[76] Interview réalisée par Amélie DOGOT pour la revue esprit libre de l'Université Libre de Bruxelles (ULB), la justice pénale

Par ailleurs, quand certaines décisions ont été prononcées, des juges ont eu à exprimer des opinions dissidentes mettant en cause l'équité des jugements. Ainsi, dans une opinion dissidente découlant de l'arrêt rendu dans l'affaire concernant Ante Govina et Mladen Markac, le juge Fausto Pocar a assuré avoir noté « d'énormes erreurs et de mauvaises constructions du raisonnement ». Ce qui contribue à renforcer le sentiment de partialité dans la conception populaire. La condamnation de Florence Hartmann, ancienne journaliste et porte-parole du Procureur du TPIY, dénonçant dans son ouvrage *Paix et châtiment,* les arrangements entre le TPIY et la Serbie, ajoute à cette perception.

Pour Olivier de Frouville, le bilan des TPI est loin d'être entièrement positif : au passif des TPI, on peut inscrire la durée déraisonnable des procédures (...), l'impossibilité de juger tous les criminels (...), au Rwanda, le développement d'un fort sentiment d'inégalité et d'injustice (...), le faible impact des procédures sur les sociétés et leur faible contribution à la réconciliation ou, tout au moins, à la transition vers un régime démocratique pacifié[77]. Il conclut ainsi son développement : peut-être que les tribunaux pénaux ad hoc ont-ils plus apporté à la justice « abstraite » qu'à la justice « concrète [78] .

Nonobstant ces critiques, quels sont les apports des TPI en Droit International pénal ?

b) Quelques apports des TPI en Droit International pénal

Les TPI ont permis d'ériger l'humanité en sujet de Droit avec des progrès significatifs en Droit International

---

internationale : imparfaite mais nécessaire www.ulb.ac.be/espritlibre/html/

[77] Olivier de FROUVILLE Op. Cit P. 37

[78] Idem.

Humanitaire. Ils ont également permis de conférer au crime de génocide une autonomie alors que ce dernier faisait partie intégrante du crime contre l'humanité devant les juridictions de Nuremberg et de Tokyo.

En date du 29 octobre 1996, pour la 1re fois depuis la fin de la Deuxième Guerre mondiale, la chambre de première instance du TPIY avait rendu une décision condamnant l'accusé Erdemovic à 10 ans d'emprisonnement pour crime contre l'humanité. Dans l'affaire Erdemovic, deux passages du jugement démontrent que la chambre I du TPIY manifeste la volonté de faire avancer le Droit en érigeant l'humanité en sujet de droit.

Dans son jugement, le tribunal énonce dans le paragraphe 19 : il n'y a pas de totale équivalence entre la vie de l'accusé et celle de la victime. À la différence du droit commun, l'objet de l'atteinte n'est plus la seule intégrité de la victime, mais l'humanité tout entière. Dans son paragraphe 28, le tribunal ajoute pour qualifier le crime contre l'humanité : il s'agit d'actes inhumains qui, de par leur ampleur ou leur gravité, outrepassent les limites tolérables de la communauté internationale qui doit en réclamer la sanction.

Le TPIY ne pouvait pas s'adosser sur la jurisprudence de tribunaux précédents, car ceux-ci ne possédaient pas sa singularité. Le TPIY a donc adopté une position progressiste du crime contre l'humanité.

Des progrès sont à relever également en DIH.

D'abord, les TPI ont affirmé le caractère coutumier d'un certain nombre de principes qui lient les États, qu'ils soient ou non parties, aux instruments conventionnels qui les contiennent. Par ailleurs, ces tribunaux ont contribué considérablement à rétrécir le fossé séparant les règles substantielles applicables dans le cadre des conflits armés internationaux et des conflits armés non internationaux.

Enfin, par leur interprétation parfois très libérale de certaines dispositions relativement anciennes du Droit de La Haye comme du Droit de Genève, ces tribunaux ont contribué à une certaine adaptation du DIH pour tenir compte des réalités modernes.

Loin de créer du Droit, les TPI auraient alors simplement fait preuve de leur grande capacité d'appréhender une réalité coutumière en perpétuel mouvement ; pour reprendre une image fort heureuse, leurs jurisprudences ne seraient donc que le reflet d'une *coutume à grande vitesse*[79].

Tout comme le crime contre l'humanité, le crime de génocide fera l'objet d'un traitement particulier. En effet, les TPI ne sont pas compétents pour connaître du crime d'agression, mais voient le crime de génocide prendre son autonomie à côté du crime contre l'humanité. Depuis les procès de Nuremberg et de Tokyo, le génocide était toujours traité sous le chapeau de crime contre l'humanité. Et même si en 1948, on est parvenu à mettre sur pied une convention prévenant et réprimant le crime de génocide, la nature *sui generis* de ce crime ne sera confirmée que grâce aux travaux des TPI ad hoc[80].

Le génocide a été défini par les articles 4 du TPIY et 2 du TPIR comme un acte « *commis dans l'intention de détruire tout ou en partie, un groupe national, racial ou religieux comme tel* ». Cet acte pouvant être le meurtre des membres du groupe, la soumission intentionnelle du groupe à des conditions d'existence devant entraîner sa destruction physique totale ou partielle (alors que la

---

[79] Luigi Condorelli, « *la cour pénale internationale : un pas de géant (pourvu qu'il soit accompli...)* », RGDIP, 1999.

[80]H. Von Hebel and D. Robinson, "within the jurisdiction of the court ", in R.S. lee éd, the international criminal court. The making of the Rome Statute. Issues, Negotiations, Results, the Hague, kluwer Law international.

preuve d'une telle intention n'est pas requise pour qualifier le crime contre l'humanité), d'un groupe (alors que le crime contre l'humanité est punissable indépendamment de l'appartenance à un groupe déterminé) à tout moment.

Pour toutes ces innovations, Olivier de Frouville[81] estime que les tribunaux internationaux, nonobstant certaines faiblesses, ont construit un édifice impressionnant sur les bases du Droit International pénal jetées après la seconde guerre mondiale à Nuremberg et Tokyo ; ils ont permis notamment la création pratiquement *ex nihilo* d'une procédure pénale internationale, la démonstration qu'une justice pénale internationale n'était pas un fantasme d'idéaliste, mais était praticable dans un certain nombre de situations, y compris dans la société internationale.

La création des deux tribunaux pénaux internationaux pour la Yougoslavie puis pour le Rwanda marque la relance de l'idée de justice internationale pénale. Elle est apparue comme la panacée suite à la rupture de la paix dans ces deux pays d'où l'érection des tribunaux pour juger les coupables au nom de la paix. Cela est d'ailleurs perceptible à travers le mode de création des TPI, mis en place sous le couvert du chapitre IV intitulé *« action en cas de menace contre la paix, de rupture de la paix et d'acte d'agression »*. L'article 39 mandatant le Conseil de Sécurité pour trouver les mesures à prendre en cas de rupture de la paix rend compte de cette idée. Le Conseil, en créant les TPI, a considéré que cette mesure était la plus appropriée pour rétablir la paix et la sécurité internationales. Cela renvoie à l'idée de l'obtention de la paix par l'instauration de la justice évoquée au début de cette réflexion.

---

[81] Olivier de Frouville, Op. Cit. P. 37

Le processus pour la mise sur pied d'une juridiction internationale parait dès lors irréversible. Il profite d'un concours de circonstances. La fin de la guerre froide favorise l'émergence d'une société internationale grâce à l'évolution de l'opinion publique internationale refusant de plus en plus l'idée d'impunité. Le succès relatif des TPI relance l'idée d'une juridiction pénale internationale permanente qui permettrait d'unifier les jurisprudences des TPI et aurait un effet préventif, dissuasif et pas seulement répressif. La création de la Cour Pénale Internationale répondra-t-elle à ces différents besoins ?

Chapitre II
LA CPI, UNE INSTITUTION POUR PARACHEVER L'ŒUVRE DE JUSTICE PÉNALE INTERNATIONALE

Juger le travail de la CPI, c'est avant tout connaître et comprendre les dispositions de son Statut. La Cour, dont le Statut a été adopté par des États souverains et indépendants, permet la consécration d'un pouvoir judiciaire indépendant qui échapperait aux critiques de tribunaux créés par les alliés ou de juridictions imposées par le Conseil de Sécurité des Nations Unies. En cela, la CPI fait œuvre nouvelle.

La CPI est un tribunal pour l'avenir, ayant une compétence étendue à l'ensemble des États parties au Statut de Rome et la compétence universelle dans une certaine mesure. Elle se démarque ainsi de ses prédécesseurs, créés dans des situations de sortie de conflit pour rétroagir sur des crimes commis antérieurement. C'est un tribunal unique exerçant un pouvoir judiciaire certain. Les conditions d'ouvertures des procédures ainsi que le mode de participation accordée aux victimes en fait un régime de justice unique pour les victimes des violations des droits de l'homme.

SECTION 1 : DES CONDITIONS D'OUVERTURE DES PROCÉDURES

La création d'une Cour Pénale Internationale, permanente sera relancée après la création des TPI par le Conseil de Sécurité, compte tenu des limites observées dans ces juridictions. La CPI conditionne l'ouverture d'une enquête par le respect de conditions relatives à son champ de compétence et à des conditions relatives à la recevabilité des requêtes.

PARAGRAPHE 1 : LES CONDITIONS RELATIVES AU CHAMP DE COMPÉTENCES DE LA CPI

La CPI, à l'instar de toutes les juridictions, a compétence à l'égard de certains crimes (compétence matérielle), de leurs auteurs dans des conditions déterminées (compétence personnelle), sur certains territoires (compétence territoriale) et pendant une période déterminée (compétence temporelle).

1. La compétence matérielle

La CPI est compétente pour les crimes de guerre, les crimes contre l'humanité, les crimes de génocide et les crimes d'agression. En son article 5, le Statut de Rome qui dessine le champ de compétence matérielle de la CPI dispose : *la compétence de la cour est limitée aux crimes les plus graves (...) : le crime de génocide, les crimes contre l'humanité, les crimes de guerre et les crimes d'agression.*

a) Les crimes de guerre

Pour Olivier de Frouville, le Droit International Humanitaire n'a pas pour première vocation la répression.

Mais, il comporte un volet pénal très important sur la base duquel s'est développée la notion de *crime de guerre*[82].

Dans son avis sur *la licéité de la menace ou de l'emploi d'armes nucléaires*, rendu à la demande de l'Assemblée Générale de l'ONU, la Cour a, en particulier, souligné l'existence de *règles fondamentales* du DIH constituant des *principes intransgressibles du Droit International coutumier* [83].

Les crimes de guerre sont définis à l'article 8 du Statut de Rome ; la définition du crime de guerre inclut les violations du Droit International Humanitaire (DIH) lors des conflits armés non internationaux qui sont actuellement les plus nombreux et l'emploi d'armes de destruction massive. Une référence y est faite aux Conventions de Genève.

Pour Salvatore Zappala, les crimes de guerre constituent la catégorie la plus ancienne des crimes internationaux. Il les définit comme des violations du Droit des conflits armés, du *jus in bello*[84] . La liste des crimes de guerre énoncés à l'article 8 paragraphe 2 comprend les crimes commis « *en cas de conflits armés ne présentant pas un caractère international* »

À l'initiative de la France, les négociateurs du SR sont arrivés à un consensus introduisant une limite à la répression du crime de guerre par la CPI, parce qu'elle permet à un État de refuser la compétence de la cour en ce qui concerne les crimes de guerre[85]. Ainsi, lorsque l'État

---

[82] Olivier de Frouville Op. Cit. 37

[83] Avis consultatif de la CIJ cité dans Droit International pénal, Olivier de Frouville OP. Cit. 37

[84] Salvatore Zappala Op. Cit. 22

[85] L'article 124 du Statut de la CPI dispose que *« Nonobstant les dispositions de l'article 12, paragraphe 1 et 2, un Etat qui devient partie au présent Statut peut déclarer que, pour une période de sept ans à partir de l'entrée en vigueur du Statut à son égard, il n'accepte pas la compétence de la cour en ce qui concerne la catégorie de*

décide d'adhérer au Statut, il lui est possible de déclarer que pour une période de sept ans suivant l'entrée en vigueur du Statut à son égard, il rejette la compétence de la cour concernant les crimes de guerre. Cette déclaration peut être retirée à tout moment[86].

Certains auteurs estiment que cette concession a une portée relativement limitée en raison du fait que si le crime est assez grave pour retenir l'attention du Procureur international, c'est qu'il a atteint un degré suffisamment sérieux pour être considéré comme un crime contre l'humanité[87].

La France, dès la signature du Statut de Rome, a annoncé qu'elle mettrait en œuvre l'article 124 arguant qu'elle est amenée à s'engager sur des théâtres extérieurs notamment dans le cadre d'opérations humanitaires ou de maintien de la paix. Ainsi, souhaitait-elle éviter d'éventuelles plaintes abusives s'appuyant sur des motivations politiques. La CPI serait alors surchargée de plaintes à caractère politique qui nuiraient à son efficacité et à l'image des interventions de l'ONU. En France, la note d'orientation de la commission nationale consultative des droits de l'homme du 15 février 1999 a condamné le retour à l'article 124[88] que la Fédération Internationale des

---

crimes visée à l'article 8 lorsqu'il est allégué qu'un crime a été commis sur son territoire ou par ses ressortissants. Il peut à tout moment retirer cette déclaration. Les dispositions du présent article seront réexaminées à la conférence de révision convoquée conformément à l'article 123, paragraphe 1 ».

[86] P. Brana, rapport N°2141, fait au nom de la commission des affaires étrangères sur le projet de loi autorisant la ratification de la convention portant Statut de la Cour Pénale Internationale.

[87] W. A. Schabas, la Cour Pénale Internationale : un pas de plus contre l'impunité, séminaire virtuel du droit Module virtuel.

[88] Ce pays ne fut pas le seul à regretter l'insertion de cette disposition. Il en fut de même pour les auteurs Badinter, Bettati, Pellet, Truche ainsi que de nombreuses ONG, Associations professionnelles et syndicats. Pierre Brana, Rapport n° 214.

Droits de l'Homme (FIDH) et Amnesty International appellent « *licence to kill*[89] ».

b) *Les crimes contre l'humanité*

Le crime contre l'humanité n'est pas nouveau. Il apparaît pour la première fois à propos du génocide arménien en 1915 et est évoqué par le traité de Versailles à la fin de la 1re guerre mondiale ; il ne fera l'objet de définition que par le Statut du TMIN.

Le Statut de Rome instituant la CPI prévoit que les crimes peuvent être commis en temps de paix comme en temps de guerre, à l'occasion d'un conflit armé international ou non international, par les représentants de l'État ou par toute autre personne. Ainsi, la qualification de crimes contre l'humanité est subordonnée à la connaissance de l'attaque par le suspect. L'article 7 du Statut de la CPI dispose également que le crime doit s'inscrire dans le cadre d'une attaque généralisée et systématique.

c) *Les crimes de génocide*

Le crime de génocide est prévu à l'article 6 du Statut de Rome de la CPI. Sa définition découle de celle de la Convention pour la répression du crime de génocide de 1948.

Celle-ci définit le génocide comme étant le meurtre ou d'autres crimes commis dans l'intention de détruire en tout ou partie d'un groupe ethnique, racial ou religieux[90]. L'élément qui distingue le crime de génocide du crime de guerre et du crime contre l'humanité réside en son élément

---

[89] Rapport de la FIDH, Cour Pénale Internationale, la route ne s'arrête pas à Rome, par William Bourdon, dossier spécial N°266, Novembre 1998.

[90] Article 2 de la convention pour la prévention et la répression du crime de génocide de 1948.

intentionnel. Ainsi, en l'absence de volonté de la destruction d'un groupe, l'acte pourrait être qualifié de crime contre l'humanité ou de crime de guerre selon les circonstances qui entourent la commission[91]. Ainsi, cette infraction grave, à défaut d'être qualifiée de crime de génocide pourrait être crime contre l'humanité ou crime de guerre.

d) Les crimes d'agression

Le crime d'agression se révéla déjà problématique à l'époque des tribunaux de Nuremberg et de Tokyo. Il le demeure aujourd'hui encore.

L'article 5 paragraphe 2 du Statut de la CPI dispose : la cour exercera sa compétence à l'égard du crime d'agression quand une disposition aura été adoptée conformément aux articles 121 et 123, qui définira ce crime et fixera les conditions de l'exercice de la compétence de la cour à son égard. Cette disposition devra être compatible avec les dispositions pertinentes de la charte des Nations Unies.

Le crime d'agression se situe théoriquement dans le cadre de la compétence de la CPI, mais elle reste et demeure une compétence virtuelle. Les négociateurs ont pu se mettre d'accord lors de la conférence de révision du Statut de Rome qui s'est tenue à Kampala du 31 mai au 11 juin 2010 sur sa définition, inspirée de la résolution 3314[92] de l'Assemblée Générale des Nations Unies du 14 décembre 1974. L'article 8 bis du Statut de la CPI adopté à Kampala définit le crime d'agression comme la planification, la préparation, le lancement ou l'exécution par une personne effectivement en mesure de contrôler ou de diriger l'action politique ou militaire d'un État, d'un

---

[91] Chérif Bassiouni, *ICC ratification and national implementation legislation*, in Nouvelles Etudes Pénales Toulouse : Eres, 1999.

[92] Résolution 3314 de l'Assemblée Générale du 14 décembre 1974.

acte d'agression qui, par sa nature, sa gravité et son ampleur, constitue une violation manifeste de la charte des Nations Unies.

Les États présents à la conférence de révision du Statut de Rome ont adopté, le 11 juin 2010, par consensus, des amendements au SR qui prendront la forme d'un avenant à la convention de Rome[93]. Par ailleurs, la CPI ne pourra exercer sa compétence qu'après l'entrée en vigueur de cette nouvelle convention à partir du 1er janvier 2017[94], date à compter de laquelle les États parties devront prendre une décision pour activer la compétence et uniquement à l'égard des États qui l'auront ratifiée, ces États n'étant pas tenus de ratifier l'avenant[95].

Qu'en est-il de la compétence personnelle ?

2. La compétence personnelle

L'un des principes généraux du droit applicable par la CPI est celui de la responsabilité individuelle pénale. Celle-ci est établie par l'article 25 paragraphe 1 du Statut de Rome. Il stipule que « *la cour est compétente à l'égard des personnes physiques à l'exclusion des États* ».

a) Les États, sujet originaire du Droit International

En contact direct avec les règles qui le composent, et qui, d'une manière ou d'une autre, instituent toutes à son profit ou à sa charge des droits et des obligations, l'Etat n'est pas l'objet des normes qui traiteraient de lui sans s'adresser à lui, il en est le destinataire, en tant qu'elles affectent toute sa situation juridique[96]. La personnalité

---

[93] Rapport d'information 313 (98-99) de la commission des affaires étrangères, la Cour Pénale Internationale par André Dulait, Senat français, Paris.

[94] http//www.icc-cpi.int

[95] Idem.

[96] Jean Combacau et Serges Sur, Droit International public, 8ème édition Paris : LGDJ Montchrestien, 2008.

juridique des États dérive directement de leur seule existence et se caractérise par la souveraineté. Cette souveraineté est constatée « comme un fait par le Droit International, non pas créé ou attribué par lui [97]».

b) Les OI, sujets dérivés du Droit International

Les OI sont nées d'antécédents modestes tels que les commissions fluviales, les unions administratives à partir du XIXe siècle. Elles ont connu un essor considérable à la fin de la Première Guerre mondiale. Patrick Dailler et all. traduisent de fort belle manière cette idée quand ils affirment que « les appels en faveur d'une organisation structurée des relations internationales sont longtemps restés du domaine de la doctrine ou de la propagande. Le triomphe de l'inter-étatisme semblait aux hommes d'État incompatible avec tout sacrifice de la souveraineté [98]». Le choc de la Première Guerre mondiale permet d'envisager la création d'une structure à même de veiller sur la paix et la stabilité internationale, la Société des Nations fut ainsi créée par la conférence de paix de Versailles, le 28 avril 1919. La SDN est la première organisation à vocation universelle. S'en suivront de nombreuses autres organisations. À titre illustratif, on pourrait citer entre autres la Cour Permanente de Justice Internationale (CPJI) en matière juridictionnelle, L'Organisation Internationale du Travail (OIT) en matière sociale.

Bien qu'étant des modèles imparfaits, ces organisations restent le symbole de la première approche d'une communauté politique institutionnalisée[99].

---

[97] Idem

[98] Idem.

[99] Idem.

c) *Les individus, nouveaux sujets du Droit International*

Jean Salomon renvoie le mot « *individu* » à l'idée de personne privée, personne humaine, particulière. Il ajoute que ces différents termes sont synonymes[100].

L'individu reste sujet de l'ordre interne des États où il se trouve. Il est également sujet de l'ordre international dans la mesure où les États ou les OI lui confèrent des droits ou des obligations. Ainsi, l'individu occupait avant une place subalterne en Droit International et ne pouvait agir par lui-même au sein de l'ordre juridique international hors de la tutelle de l'État[101]. La responsabilité pénale de l'individu pour crimes internationaux constitue une rupture avec les mécanismes traditionnels de fonctionnement du Droit International.

L'un des principes généraux du Droit applicable par la CPI est celui de la responsabilité pénale individuelle. L'article 25 paragraphe 1 du SR stipule que : « *la Cour est compétente à l'égard des personnes physiques* ». Elle se différencie de la Cour Internationale de Justice (CIJ), qui elle, est compétente uniquement à l'égard des États.

Toutefois, en matière de crimes internationaux, ce principe se conjugue avec la logique répressive du Droit pénal qui rend les individus pénalement responsables des actes qu'ils posent.

Ce critère de compétence permet à la CPI d'élargir sa compétence territoriale aux États n'ayant pas ratifié le Statut de Rome. Ainsi, en vertu de l'article 12 paragraphe 2 du SR, la CPI est compétente à l'égard des crimes commis par un individu, national d'un État signataire du Statut de Rome, peu importe le lieu de commission[102].

---

[100] Salomon Jean, Dictionnaire international de droit public, Bruxelles : Bruylant, 2001.

[101] Jean Combacau Serge Sur Op. cit. P 119.

[102] Ce critère de compétence a été l'une des principales raisons du refus des Etats-Unis qui le considère comme une atteinte majeure à la

L'article 26 du Statut de la CPI, apporte une précision, qui a l'air d'une atténuation. En effet, tout accusé devant la cour doit être âgé d'au moins 18 ans ; ce qui exclut les enfants qui sont de plus en plus utilisés dans les conflits armés.

Le nombre total d'enfants soldats dans le monde est évalué à 300 000. Le rapport des Nations-Unies sur la situation des enfants impliqués dans des conflits armés, datant de février 2005, fait état de 250 000 enfants dans 54 groupes armés dans les pays suivants : Burundi, Colombie, Côte d'Ivoire, Myanmar (Birmanie), Népal, Ouganda, Philippines, République démocratique du Congo, Somalie, Soudan, et Sri Lanka[103]. Les individus font partie intégrante d'un État, hormis les apatrides. Ainsi, condamner les auteurs de violation rendrait justice par la même occasion aux victimes ; ce qui contribuerait à restaurer la paix perturbée par les violations.

Qu'en est-il de la compétence territoriale ?

d) La compétence territoriale

La cour est compétente à l'égard des États ayant ratifié le Statut de Rome ; elle est également compétente lorsqu'un crime est commis, sur le territoire d'État non membre, par un individu, national d'un État membre. La cour est également compétente à l'égard d'un État non membre, mais qui a accepté de façon ponctuelle la compétence de la cour conformément à l'article 12 paragraphe 3[104] du Statut de Rome. Ce dernier type de

souveraineté des Etats et au principe de la relativité des traités internationaux.

[103] Source : http://www.arte.tv/fr/1209436.html

[104] L'article 12 paragraphe 3 dispose : *Si l'acceptation de la compétence de la cour par un Etat qui n'est pas partie au présent Statut est nécessaire aux fins du paragraphe 2, cet Etat peut, par déclaration déposée auprès du greffier, consentir à ce que la cour exerce sa compétence à l'égard du crime dont il s'agit.*(…) .

compétence a été peu utilisé. La Côte d'Ivoire a, en 2003, fait une déclaration de reconnaissance suite à l'avis de non-conformité, entre la constitution et le Statut de Rome, rendu par le Conseil Constitutionnel. Cette déclaration de reconnaissance a été réitérée en 2010 et 2011. C'est sur cette base que le Procureur a été autorisé à enquêter en Côte d'Ivoire.

Par ailleurs, la cour a une compétence universelle, lorsqu'elle est saisie par le Conseil de Sécurité, agissant en vertu du chapitre VII des Nations Unies. C'est le cas pour la Libye où le Conseil de Sécurité constatant une *menace contre la paix et la sécurité internationale* a saisi la CPI. Le principe de la compétence de la Cour a été affirmé dans l'affaire Al Bashir[105] et dans l'affaire Muammar Qadhafi, Saif Qadhafi et Abdullah Al-Senussi[106]. La Cour a estimé qu'en ce qui concerne la compétence ratione loci et de la compétence ratione personae, la situation en Libye ayant été déférée à la Cour par le Conseil de Sécurité agissant en vertu de l'article 13-b du Statut, l'espèce en cause relève de sa compétence même si elle concerne la responsabilité pénale alléguée de ressortissants d'un État qui n'est pas partie au Statut, pour des crimes commis sur le territoire de ce même État.

Qu'en est-il de la compétence temporelle ?

3. La compétence temporelle

L'article 11du SR définit la compétence *ratione temporis* de la CPI. Il stipule que la cour n'a compétence

---

[105] Le Procureur c. Omar Al Bashir, Affaire n°ICC-02/05-01/09, décision relative à la requête de l'accusation aux fins de délivrance d'un mandat d'arrêt à l'encontre d'Omar Hassan Ahmad Al Bashir, 4 mars 2009.

[106] Le Procureur c. Muammar Mohammed Abu Minyar Qadhafi, Saif A-Islam Qadhafi et Abdullah Al-Senussi, affaire n°ICC-01/11, décision relative à la requête déposée par le Procureur en vertu de l'article 58 du Statut 27 juin 2011.

qu'à l'égard des crimes relevant de sa compétence commis après l'entrée en vigueur du présent Statut.

Conformément à son Statut, la CPI n'est donc compétente qu'après le 1er juillet 2002[107].

Par ailleurs, le Statut dispose en son alinéa 2 que, pour ceux des États signataires qui ont adhéré après la date de son entrée en vigueur, la compétence de la cour ne commence à courir qu'à partir de la date de son entrée en vigueur pour l'Etat en cause ; le Statut n'a donc pas d'effet rétroactif.

PARAGRAPHE 2 : LES CONDITIONS RELATIVES A LA RECEVABILITÉ DEVANT LA CPI

Le Statut de Rome prévoit trois modes de saisines de la CPI, elle fait également une application stricte du principe de complémentarité.

1. Des modes de saisines variées

Il ressort du Statut de Rome en son article 13 que la Cour peut être saisie par trois différents moyens : les États, le Procureur, le Conseil de Sécurité. Ces trois modes de saisine ont déjà été utilisés dans le cadre de procédures devant la CPI[108].

---

[107] L'article 126 al. 1 du Statut de Rome prescrit que *le présent Statut entrera en vigueur le premier jour du mois suivant le soixantième jour après la date du dépôt du soixantième instrument de ratification, d'acceptation, d'approbation ou d'adhésion auprès du Secrétaire Général de l'Organisation des Nations Unies*.

[108] Les enquêtes concernant l'Ouganda, la RDC, et la République Centrafricaine ont été ouvertes à la demande des gouvernements de ces Etats ; celles concernant la Côte d'Ivoire, le Kenya, l'ont été par auto saisine du Procureur de la CPI enfin c'est le conseil de sécurité qui a déféré la situation au Soudan et en Lybie à la CPI.

a) Les États

Les États sont les sujets primaires du Droit International. Ce sont eux qui accordent, aux autres sujets, une partie de leur souveraineté. Partant de ce fait, les concepteurs du Statut de Rome ont voulu faire des Etats le moyen de saisine par excellence de la CPI. C'est l'article 13 du Statut qui prévoit les modes de saisine de la Cour. Il prévoit en son alinéa 1 que: la cour peut exercer sa compétence à l'égard d'un crime visé à l'article 5, conformément aux dispositions du présent Statut : a) si une situation dans laquelle un ou plusieurs de ces crimes paraissent avoir été commis est déféré au Procureur par un État partie, comme prévu à l'article 14.

L'article 14 auquel fait allusion l'article précédent pose les conditions du renvoi d'une situation par un État partie. Il dispose en son alinéa 1 que : tout État partie peut déférer au Procureur une situation dans laquelle un ou plusieurs des crimes relevant de la compétence de la cour paraissent avoir été commis, et prier le Procureur d'enquêter sur cette situation (…).

La lecture combinée de ces deux articles permet de faire ressortir que la compétence pour saisir la Cour appartient d'abord aux États parties sans qu'elle soit limitée à un État lié à l'accusé ou à la victime ou au lieu de la commission du crime. Cependant, ce dernier n'a pas d'obligation de saisir la cour en vertu du principe de complémentarité.

En effet, le recours à la CPI n'est pas systématique. Même si une affaire entre dans son champ de compétence, celle-ci n'est que complémentaire des juridictions nationales. La saisine de la Cour par un État facilite la coopération de ce dernier ; il est d'ailleurs avantageux pour la Cour que les trois premières affaires dont elle a été saisie aient été faites par les États eux-mêmes. Il s'agit en l'occurrence de la situation en Ouganda, de celle en

République Démocratique du Congo (RDC) et de celle en République centrafricaine (RCA).

En fait, un État partie peut soumettre une « *situation* » dans laquelle un ou plusieurs crimes rentrant sous la compétence de la Cour paraissent avoir été commis, en demandant au Procureur d'enquêter sur elle dans le but d'établir si des individus sont impliqués dans la commission de ces infractions. Ainsi, l'État partie ne dénonce pas une personne, mais laisse la latitude au Procureur de mener ses enquêtes pour établir les responsabilités.

En leur accordant le bénéfice du doute, nous considérons que les États, en renvoyant des situations devant la Cour, sont animés par des motifs de justice, de justes punitions pour les personnes coupables de violations graves des Droits humains. Toutefois, nous n'occultons pas le fait que ces États puissent être également motivés par des agendas politiques.

Ainsi, il aurait été inefficace de laisser la seule prérogative de saisine aux États. La Cour ne pourrait mener à bien sa mission de lutter contre l'impunité en instaurant la justice et par là même la paix comme définie dans ses Statuts.

b) Le Procureur

Le Procureur a la possibilité de considérer des situations *proprio motu*, c'est-à-dire de sa propre initiative. Toutefois, contrairement aux Procureurs des TPI, qui agissent en toute indépendance et qui sont les maîtres des poursuites, le Procureur de la CPI est contrôlé dans son action par la Cour, car s'il a la latitude de se saisir d'une affaire, l'ouverture d'une enquête formelle devant la cour est conditionnée par une autorisation de la chambre préliminaire composée de trois juges.

Ce mode de saisine a été admis pour plusieurs raisons. D'abord, les crimes tombant sous la juridiction de la Cour sont normalement commis par des organes d'État, ensuite, les crimes dont connaît la Cour sont le plus souvent perpétrés dans des moments de crises politiques ou humanitaires. Ainsi, le Procureur pourrait se saisir au cas où l'État compétent a des intérêts qui l'empêchent de saisir la Cour.

Dans cette perspective, le Procureur bénéficie d'une discrétion totale, lorsqu'il se saisit *proprio motu*, des cas sur lesquels il doit enquêter. Comme l'a noté l'ancien Procureur du TPIY la liberté dans l'opportunité des poursuites et les critères de choix sont mal définis et très complexes. Au niveau des deux TPI ad hoc, le vrai défi posé au Procureur était tant de choisir parmi plusieurs plaintes méritoires, les plus appropriées à une intervention internationale, que d'en éliminer les moins dignes[109]. Cela reviendrait à appliquer une justice sélective, contribuant à alimenter des critiques qui discréditeraient l'institution. Ainsi, la volonté de punir les violations des Droits humains ne serait qu'une utopie. Toutefois, un troisième mode de saisine est prévu.

c) Le Conseil de Sécurité des Nations Unies

Le Statut de Rome prévoit en son article 13 alinéa b que la cour peut exercer sa compétence à l'égard d'un crime entrant dans son champ de compétence « *si une situation dans laquelle un ou plusieurs de ces crimes paraissent avoir été commis est déférée au Procureur par le Conseil de Sécurité agissant en vertu du chapitre VII de la charte des Nations Unies* ».

Cette ouverture faite au Conseil de Sécurité rappelle les précédents des TPI ad hoc, créés par des résolutions du Conseil de Sécurité.

---

[109] Louise Arbour, procureur du TPIY et du TPIR lors d'une adresse devant le « *Committee on the Establishment of an International Criminal Court*» le 8 décembre 1997.

La saisine de la CPI par le Conseil de Sécurité permet de dispenser la CPI du consentement préalable des États à la compétence de la CPI, notamment à travers l'acte de ratification et d'appliquer de façon universelle et équitable la justice censée réparer les torts et ramener la paix.

En effet, ce consentement préalable de l'État est une condition inexistante lorsque la saisine émane du Conseil de Sécurité. Une lecture parallèle des articles 13 alinéa b et 12 paragraphe 2 du Statut de la CPI permet de faire ressortir que la saisine de la CPI par cet organe permet de s'affranchir des conditions posées à l'article 12 portant consentement des États à l'action de la CPI.

Lorsqu'il adopte une résolution portant saisine de la CPI, au titre du chapitre VII, le consentement des États à la compétence de la cour est toujours présumé pour tous les États membres des Nations Unies en vertu de l'article 25 de la charte des Nations Unies qui dispose : « *les membres de l'Organisation conviennent d'accepter et d'appliquer les décisions du Conseil de Sécurité conformément à la présente charte* ».

Ainsi, le Statut de la CPI n'a pas eu besoin d'encadrer la saisine de cet organe par le Conseil de Sécurité eu égard au fait qu'il est impossible pour un simple traité de prétendre modifier ses pouvoirs qu'il détient de la charte des Nations Unies en son article 103 qui dispose : « *en cas de conflit entre les obligations des membres des Nations Unies en vertu de la présente charte et leurs obligations en vertu de tout autre accord international, les premières prévaudront* ».

En tout état de cause, la saisine de la CPI par le Conseil permet d'atteindre l'idéal d'universalité qui lui a fait défaut, dès son origine, eu égard à son mode de création.

Quelles sont les conditions de recevabilité d'une affaire devant la Cour ?

2. La complémentarité, une condition d'application stricte

L'article 17 du Statut de Rome détaille les modalités d'application du principe de complémentarité de la CPI par rapport aux juridictions internes sans toutefois faire ressortir dans le dispositif ce terme. Cet article pose les conditions d'irrecevabilité d'une requête. Les conditions de recevabilités sont donc déterminées a contrario.

L'article 17 paragraphe 1 définit quatre cas d'irrecevabilité d'une action devant la CPI. Les alinéas a, b, c décrivent trois situations relativement proches où sont intervenues des procédures au niveau interne :

L'affaire est déclarée irrecevable en cas d'enquête ou poursuite de la part d'un État compétent ; a contrario, la cour est compétente pour toute affaire relevant de son champ matériel de compétence si l'État de rattachement du criminel n'a pas ouvert une action contre lui.

L'affaire est déclarée irrecevable lorsqu'elle a déjà fait l'objet d'enquête et que l'État compétent a classé l'affaire sans suite ; a contrario, la cour est compétente pour toute affaire n'ayant pas fait l'objet d'une décision de non-lieu.

L'affaire est déclarée irrecevable lorsqu'elle a déjà fait l'objet d'un jugement ayant force de la chose jugée. La Cour serait donc incompétente.

Selon Karin N. Calvo-Goller, « les rédacteurs du traité de Rome ont dû trouver un équilibre entre le respect de la souveraineté nationale et la création d'une juridiction pénale internationale permanente chargée de poursuivre et de juger des ressortissants des différents États[110] ». D'où l'insertion dans le Statut de disposition relevant le caractère complémentaire de la Cour. La jurisprudence, *le Procureur c. Germain Katanga et Mathieu N'gudjolo*

---

[110] Karin N. Calvo-Goller, *la procédure et la jurisprudence de la Cour Pénale Internationale*, Paris: lextenso édition, 2012.

Chui, rappelle ce principe en ces termes « Tel qu'il est consacré par le Statut, le principe de complémentarité assure un équilibre entre, d'une part, la primauté des poursuites engagées par les autorités nationales par rapport à la Cour Pénale Internationale et, d'autre part, l'objectif du Statut de Rome de mettre un terme à l'impunité[111] ».

Le dernier alinéa du paragraphe de l'article 17, quant à lui, est relatif à la gravité de la situation présentée devant la Cour. Elle a un pouvoir discrétionnaire d'appréciation de la qualité de cette situation et si les standards de gravité dont elle tient compte ne sont pas atteints, elle peut déclarer l'affaire irrecevable.

Si cet article est en symbiose parfaite avec le préambule de la CPI qui précise que cette dernière a pour mission de réprimer les crimes les plus graves, un flou persiste quant à la notion de gravité. Existe-t-il un baromètre pour mesurer la gravité d'une situation, ou est-elle mesurable par rapport à la quantification de morts ?

En tout état de cause, cet article montre quelques faiblesses de la cour qui ne prend pas en compte certaines violations des Droits humains qui sont dites moins « *graves* ». Elle se départit donc de la mission de justice qui lui est assignée.

L'article 20 du SR pose de façon distincte la règle pénale « *Non bis in idem* » qui interdit qu'une même personne soit jugée deux fois pour les mêmes faits. Ainsi, une situation faisant déjà l'objet de poursuite devant une juridiction nationale ne peut être poursuivie par la CPI qu'à une condition : le manque de volonté de l'Etat ou son

[111] Arrêt relatif à l'appel interjeté par Germain Katanga contre la décision rendue oralement par la chambre de première instance II le 12 juin 2009 concernant la recevabilité dans l'affaire le Procureur c. Germain Katanga et Mathieu Ngudjolo Chui, affaire n°ICC-01/04-01/07 OA8, 25 septembre 2009, Par. 84.

incapacité à mener à bien les poursuites pour l'action incriminée.

Robert Badinter explique cette situation dans le projet de loi constitutionnelle relative à la CPI. Pour lui, si la procédure devant la juridiction interne a pour seul but de soustraire la personne de sa responsabilité internationale pénale, ou si elle est menée de manière qui dément l'intention de traduire l'intéressé en justice, la cour est compétente[112].

La CPI se présente comme un régime unique de justice pour les victimes de violations de droits humains.

---

[112] Rapport 318 (98-99) de la commission des lois, projet de loi constitutionnelle relatif à la Cour Pénale Internationale par Robert Badinter, Sénat français Paris, 1999.

SECTION 2 : LA CPI, UN MODÈLE UNIQUE DE PARTICIPATION DES VICTIMES

Dans le passé, les tribunaux pénaux internationaux n'ont accordé que peu d'attention aux victimes. Dès le départ, à la création de la CPI, le mouvement visant à la création de la Cour a adopté un point de vue différent sur la place et le rôle de la victime dans la juridiction pénale naissante, une place sans précédent leur a été accordée.

La déclaration des victimes de 1985 définit la notion de victime comme suit : on entend par victime, une personne qui subit individuellement ou collectivement un préjudice, notamment une atteinte à son intégrité physique ou mentale, une souffrance morale, une perte matérielle ou une atteinte à ses droits fondamentaux (...) une personne qui, en intervenant pour venir en aide à une victime ou empêcher que se produisent d'autres violations, subit un préjudice physique, mental ou matériel ; conformément au droit interne, une personne morale, le représentant d'une victime, une personne à charge ou un membre de la famille proche ou du ménage de la victime directe.

La CPI accorde aux victimes une place particulière. C'est sans doute parce que ce sont eux qui ont le plus souffert de la situation constitutive de violation des Droits humains. Pour ramener la paix après une situation de troubles, de conflits, il est important de prendre en compte les préoccupations des victimes, de condamner les coupables et de restaurer aux victimes leur qualité de « *victime* ».

Au-delà de la condamnation des coupables sur laquelle les tribunaux internes sont axés, la CPI prend en compte les vues et préoccupations des victimes. Celles-ci sont appelées à participer aux procédures devant cette Cour. Par ailleurs, un mandat de réparation à l'égard des victimes est octroyé à la Cour.

Cette place particulière accordée aux victimes participe à leur reconstruction et permet d'éviter la spirale de conflit. Ce processus aboutit à la recherche d'une paix durable par le truchement de la justice.

PARAGRAPHE 1 : LA PARTICIPATION DES VICTIMES A LA PROCÉDURE DEVANT LA CPI

1. La détermination des victimes et leur protection

· Le Statut de la CPI prévoit en son article 68 la protection et la participation. En son paragraphe 3, le Statut dispose « lorsque les intérêts personnels des victimes sont concernés, la Cour permet que leurs vues et préoccupations soient exposées et examinées, à des stades de la procédure qu'elle estime appropriée et d'une manière qui n'est ni préjudiciable ni contraire aux droits de la défense et aux exigences d'un procès équitable (…). »

Le greffe de la CPI signalait déjà en 2012 que le rythme des demandes reçues par la Cour a augmenté de 300%, passant de 187 demandes reçues en moyenne par mois en 2010 à 564 en 2011. À la fin d'avril 2012, 19422 demandes de participations et de réparations avaient été envoyées, et 4107 victimes avaient été autorisées à participer à une procédure devant la Cour. À l'avenir, bien que le nombre de victimes décidant d'adresser une demande à la Cour soit susceptible de fluctuer, ce nombre devrait rester à un niveau élevé, comme c'est le cas actuellement[113].

À la date du 30 avril 2013, la Cour avait reçu plus de 12 000 demandes de participations aux procédures relatives aux situations. Plus de 5000 victimes ont été autorisées à participer aux procédures dont 114 dans l'affaire Lubanga, 3 328 dans l'affaire Bemba, 199 dans

---

[113] CPI, « *report on the review of the system for victims to apply to participate in proceedings* », 24 September 2012.

l'affaire Gbagbo. Ces chiffres témoignent de la nécessité de la prise en compte des victimes dans les procédures pénales qu'elles soient internationales ou internes.

Mais comment déterminer la victime conformément aux standards de la CPI ?

Le Statut de Rome est muet sur la question, se contentant de fixer quelques règles pour la participation et la protection des victimes et des témoins. C'est dans le règlement de procédures et de preuves qu'il faut rechercher cette définition et l'organisation de leur protection.

La règle 85 du règlement dispose qu'« aux fins du Statut et du règlement :

a) le terme « victime » s'entend de toute personne physique qui a subi un préjudice du fait de la commission d'un crime relevant de la compétence de la Cour ;

b) le terme « victime » peut aussi s'entendre de toute organisation ou institution dont un bien consacré à la religion, à l'enseignement, aux arts, aux sciences ou à la charité, un monument historique, un hôpital ou quelque autre lieu ou objet utilisé à des fins humanitaires [qui] a subi un dommage direct ».

La pratique de la cour[114] avait fait ressortir quatre critères permettant de déterminer la qualité de victime et par ricochet la participation aux procédures. Une évolution sensible s'est faite sur la question qu'il convient de relever.

Dans les premières années de la cour, un test reposant sur quatre critères était pris en compte. Ce test fut utilisé pour la première fois en janvier 2006[115]. Les considérations suivantes étaient prises en compte : la

[114] Redress, la participation des victimes aux procédures de la Cour Pénale Internationale, étude de la pratique et considération des options pour le futur, Rapport, octobre 2012.
[115] Idem.

victime demanderesse est-elle une personne physique ou une organisation/institution ? Le crime allégué relève-t-il de la compétence de la Cour ? La victime demanderesse a-t-elle subi un préjudice ? Y a-t-il un lien de causalité entre ce préjudice et le crime allégué relevant de la compétence de la cour ?[116]

Ce test reposant sur quatre critères à été utilisé dans des décisions ultérieures[117]. Les évolutions récentes de la jurisprudence font ressortir la prise en compte de 3 critères qui ont été reformés. Les critères de détermination sont donc passés de 4 à 3. Ils se résument à travers les questions suivantes : l'identité semble-t-elle avoir été dûment confirmée[118] ? Les évènements décrits dans la

---

[116] Décision sur les demandes de participation à la procédure de VPRS 1, VPRS 2, VPRS 3, VPRS 4, VPRS 5, VPRS 6, situation en RDC (ICC-01/05-01/08-320), chambre préliminaire I, 17 janvier 2006 paragraphe 79 ; quatrième décision relative à la participation des victimes, Bemba (ICC-01/05-01/08-320), chambre préliminaire III, 12 décembre 2008, paragraphe 30 ; « décision on victims participation in proceedings », situation au Kenya (ICC-01/09-24) ; chambre préliminaire II, 3 novembre 2010 paragraphe 19.

[117] On pourrait citer la « décision on victim's applications for participation a/0014/07 to a/0020/07 and a/0076/07 to a/0125/07 » dans l'affaire Kony, Otti, Odhiambo et Ongwen (ICC 02/04-01/05-356) chambre préliminaire II, 21 novembre 2008, paragraphe 7.

[118] *En ce qui concerne ce test, la jurisprudence a été relativement cohérente et non controversée. Toutefois concernant les mineurs et les personnes décédées, les différentes chambres n'ont pour l'instant pas réussi à faire preuve de clarté et de constance pour les victimes, lorsque les demandeurs sont des enfants, certaines chambres ont autorisé, au cas par cas, les enfants à présenter une demande sans avoir de tuteur [chambre de première instance II, affaire Katanga et N'gudjolo, décision du 26 février 2009], alors que d'autres chambres ont estimé ces demandes incomplètes en raison de l'absence de signature d'un tuteur [on pourrait citer entre autres, chambre préliminaire I décision du 4 novembre 2008, situation en RDC ; chambre préliminaire II, situation en Ouganda, 21 novembre 2008]. Concernant les victimes décédées, certaines chambres ont considéré que seules les personnes physiques vivantes pourraient faire une*

demande de participation constituent-ils un/des crime(s) relevant de la compétence de la Cour et dont les suspects sont accusés[119] ? Le demandeur a-t-il subi un préjudice a priori « *du fait* » du crime faisant l'objet de l'accusation ?[120]

Ces différents éléments sont calqués sur la responsabilité civile délictuelle (article 1382[121] du Code civil), notamment l'exigence d'une faute, d'un préjudice et d'un lien de causalité entre la faute et le préjudice.

Une fois les victimes déterminées, se pose le problème de leur protection. Les modalités sont définies dans le Statut et le règlement de procédures et de preuves notamment à la règle 87.

---

demande de participation à la procédure [entre autres décisions, on pourrait citer chambre préliminaire II, situation en RDC, affaire Muthaura, Kenyatta, Ali décision du 26 aout 2011]. En revanche, dans l'affaire Bemba, il a été considéré que les demandes pouvaient être faites au nom des personnes décédées. Dans l'affaire katanga et N'gudjolo, bien qu'ayant décidé que les proches de la personne décédée ne pouvaient présenter de demande de participation qu'en leur nom propre et non au nom de la victime décédée, la chambre accepta que, dans les cas où une victime était décédée après avoir déposé une demande, une personne nommée par la famille put poursuivre l'action engagée par la victime. Redress, op.cit.

119 Pendant l'enquête, tous les crimes visés par l'enquête sont pertinents. Ils doivent être circonscrits dans les limites temporelles et géographiques de la situation considérée.
Dans la situation du Kenya, les crimes allégués pertinents ont été identifiés comme étant: *tout crime contre l'humanité relevant de l'article 7 du Statut, commis sur le territoire kényan entre le 1er juin 2005 et le 26 novembre 2009* décision de la chambre préliminaire II situation au Kenya (ICC-01/09-24), 3 novembre 2010.

120 Chamber préliminaire II « Decision on victims participation and the confirmation of charges hearing and in the related proceedings », Muthaura, Kenyatta et Ali (ICC-01/09-02/11-267), 26 août 2011, paragraphe 40.

121 L'article 1382 dispose : *tout fait quelconque de l'homme qui pose à autrui un dommage, oblige celui par la faute de qui il est arrivé à le réparer* .

A contrario de la règle 88 qui pose les mesures de protection spéciale des victimes, la règle 87 pose les mesures de protection générales. Le dispositif de son paragraphe 1 est fort éloquent sur la question : *les chambres peuvent (...) ordonner des mesures destinées à assurer la protection d'une victime, d'un témoin ou d'une autre personne à laquelle la déposition d'un témoin peut faire courir un risque (...). Avant d'ordonner une mesure de protection, la chambre cherche autant que possible à obtenir le consentement de la personne qui en fera l'objet.*

L'article 68 paragraphe 1, quant à lui, dispose : la cour prend les mesures propres à protéger la sécurité, le bien-être physique et psychologique, la dignité et le respect de la vie privée des victimes et des témoins (…).

La Cour Pénale internationale a prévu la prise en compte des victimes et des modalités de participations, mais a surtout mis en place des modalités pratiques de leurs participations.

a) Les modalités de participation des victimes

Les victimes peuvent participer à divers stades de l'enquête ou de la procédure. Le moment de cette participation n'est pas fixé par les textes. La participation peut avoir lieu avant qu'une enquête ne soit autorisée ; elle peut également se faire pendant l'enquête, pendant la phase préliminaire, ou pendant le procès. Les vues et préoccupations des victimes peuvent être prises en compte à toute étape de la procédure. Ce qui leur procurerait un apaisement.

b) La participation des victimes avant qu'une enquête soit autorisée

L'article 15 du Statut de Rome relatif à l'autosaisine accordée au Procureur donne aux victimes d'adresser à la chambre préliminaire des représentations conformément au paragraphe 3. C'est le règlement de procédure et de preuve en sa règle 50 qui fixe les modalités de cette participation puisque l'article 15 paragraphe 3 se contente de poser le principe. Il dispose : *(...) les victimes peuvent adresser des représentations à la chambre préliminaire, conformément au règlement de procédure et de preuve*[122]. La règle 50[123] du règlement de procédure et de preuve à laquelle il est fait renvoi est plus explicite.

Ainsi, le Procureur est tenu d'informer les victimes de crimes prétendument commis dans un lieu particulier du fait qu'il a l'intention de demander à la chambre préliminaire l'autorisation d'ouvrir une enquête sur ces crimes.

Cette modalité de participation est limitée de par sa nature, car, l'article 15 paragraphe 3 ne s'applique qu'aux enquêtes engagées par le Procureur de sa propre initiative. Lorsqu'une enquête est ouverte à l'initiative des deux autres entités ayant le pouvoir de saisine (les États et le Conseil de Sécurité), les victimes ne pourront présenter leurs vues et préoccupations qu'au stade de l'enquête.

La participation des victimes avant l'autorisation de l'enquête a été déterminante au Kenya. Dans la décision

---

[122] Article 15 paragraphe 3 du Statut de Rome.

[123] La règle 50 du règlement de procédure et de preuves dispose : *Lorsque le Procureur a l'intention de demander, en application de l'article 15 paragraphe 3, à la chambre préliminaire l'autorisation d'ouvrir une enquête, il en informe les victimes qu'il connait ou qui sont connues de la division d'aide aux victimes et aux témoins, ou leur représentants légaux, à moins qu'il ne détermine qu'il mettrait, ce faisant, en péril l'intégrité de l'enquête ou la vie ou le bien-être de victimes ou de témoins. Le Procureur peut annoncer également son intention par le greffe ou par des moyens de diffusion générales afin d'atteindre des groupes de victimes s'il estime qu'en l'espèce, cela ne mettra pas en péril l'intégrité et l'efficacité de l'enquête ni la sécurité et le bien-être des victimes ou de témoins. A ces fins, le Procureur peut solliciter en tant que de besoin l'assistance de la division d'aide aux victimes et aux témoin.*

relative à la demande d'autorisation d'ouvrir une enquête rendue en application de l'article 15 du Statut de Rome, la chambre préliminaire II a affirmé que les observations des victimes s'étaient avérées très utiles lors de l'évaluation de l'impact des crimes et du préjudice causé aux victimes et à leurs familles, qui constituent l'un des critères utilisés pour déterminer la gravité des crimes allégués.

La chambre préliminaire II a cité les observations des victimes lorsqu'elle a tenté de déterminer si les attaques étaient dirigées contre une population civile. Il en a été de même pour déterminer le cadre temporel approprié de l'enquête. Par ailleurs, ils ont été cités pour déterminer l'absence de volonté de la part de la République du Kenya d'enquêter sur ces crimes.

En Côte d'Ivoire, suite à la demande d'autorisation d'ouvrir une enquête déposée par le Procureur, la chambre préliminaire III a également ordonné à la Section de Participation des Victimes et des Réparations (SPVR) de lui remettre un rapport unique sur l'ensemble des observations des victimes[124].

Le juge de l'affaire, Fernandez de Gurmendi indiquait que : prises dans leur ensemble, ces représentations permettent de confirmer la gravité de la situation, le caractère généralisé des crimes allégués et le fait qu'ils semblent avoir été dirigés contre des civils[125].

---

[124] Chambre préliminaire III Ordonnance à l'intention de la Section de la Participation des victimes et des Réparations (SPVR) concernant les représentations adressées par les victimes en vertu de l'article 15-3 du Statut, situation en Côte d'Ivoire (ICC-02/11-6), 6 juillet 2011.

[125] Chambre préliminaire III Opinion individuelle et partiellement dissidente du juge Fernandez de Gurmendi sur la décision relative à l'autorisation d'ouverture d'une enquête dans le cadre de la situation en République de Côte d'Ivoire rendue en application de l'article 15 du Statut de Rome, situation en Côte d'Ivoire (ICC-02/11-15), 3 octobre 2011.

Les observations des victimes dans ces deux pays ayant fait l'objet d'une saisine *proprio motu* a permis de conclure qu'il existait une base raisonnable pour croire que les attaques étaient perpétrées contre les populations civiles.

2. La participation des victimes pendant l'enquête

La participation des victimes pendant l'enquête a été reconnue la première fois dans la situation en RDC. La chambre préliminaire a indiqué que les personnes ayant obtenu la qualité de victimes seront habilitées, nonobstant toute procédure spécifique ayant lieu dans le cadre d'une telle enquête, à être entendues par la chambre pour exposer leurs vues et préoccupations et à déposer des pièces en relation avec l'enquête en cours concernant la situation en RDC. Aucun mode de participation n'a été fixé pour cette étape et les victimes peuvent participer à diverses procédures de l'enquête.

La jurisprudence de la CPI a évolué sur la question. La chambre d'appel dans un arrêt relatif à la participation des victimes au stade de l'enquête dans la situation en RDC a inversé cette tendance et a restreint la participation des victimes en statuant que la participation ne pouvait avoir lieu que dans le cadre de la procédure judiciaire et que l'ensemble de l'enquête ne constituait pas une procédure judiciaire[126].

---

[126] Arrêt relatif à la participation des victimes au stade de l'enquête dans le cadre de l'appel interjeté par le bureau du conseil public pour la défense et le Procureur contre la décision rendue le 24 décembre 2007 par la chambre préliminaire I, situation en RDC, chambre d'appel, 19 décembre 2008.

3. La participation des victimes pendant la phase préliminaire

La phase de procédure préliminaire concerne l'étape de la confirmation des charges. À ce stade de la procédure, comme à tous les autres, c'est l'article 68 paragraphe 3 qui détermine la participation des victimes. Les analyses de la chambre préliminaire I dans la situation au Darfour (Soudan) établissent clairement que l'analyse permettant de déterminer si les intérêts personnels des victimes sont concernés, en vertu de l'article 68.8, doit être effectuée en lien avec les « *stades de la procédure, et non en lien avec chaque activité procédurale ou élément de preuve spécifique traitée à un stade donné de la procédure*[127] ».

D'une façon générale, les intérêts des victimes sont concernés à ce stade de la procédure, car cela permet, à travers leurs témoignages de déterminer s'il existe des preuves suffisantes permettant d'ouvrir une action judiciaire contre les victimes.

C'est la jurisprudence de la Cour qui, au fur et à mesure de son existence, permet de déterminer les modalités de participation des victimes. Ainsi, dans l'affaire Muthaura, le juge a estimé que les victimes participantes n'avaient pas un droit d'accès général aux documents confidentiels *inter partes* et que la question était de savoir si des droits spécifiques devaient être accordés ou non aux victimes de manière casuistique[128].

Dans le cadre de la procédure préliminaire, les victimes n'ont pas accès à l'intégralité du dossier de l'accusation et ne peuvent pas soumettre de nouvelles preuves. Leur

[127]Chambre préliminaire I, decision on the request for leave to appeal the decision on the application of victims in the proceedings in the situation, situation au Darfour (Soudan) (ICC-02/05-121), 6 février 2008.

[128]Chambre préliminaire II, decision on the request for access to confidential *inter partes* material, affaire Muthaura, Kenyatta (ICC-01/09-02/11-326) du 14 septembre 2011.

participation se limite donc à l'examen des preuves sur lesquelles se fonderont l'accusation et la défense lors de l'audience[129].

La possibilité est également laissée à la victime d'exposer ses vues et préoccupations sur la nature et la portée des charges. En ce sens, l'un des principaux intérêts des victimes dans la phase préliminaire d'une affaire porte sur la nature et sur la portée des charges avancées par le Procureur[130].

4. La participation des victimes pendant le procès

Conformément à l'article 61 paragraphe 7 du Statut de Rome, la participation au procès se décide sur la base des preuves ou des questions examinées à un moment donné. La jurisprudence de la CPI, dans l'affaire Ruto et Sang, a décidé que le fait d'avoir été impliqué dans le cadre d'un incident particulier que la chambre examine, ou si la victime a subi un préjudice identifiable suite à cet incident, ces éléments sont par exemple des facteurs déterminants pour autoriser la participation à un stade particulier du procès.

---

[129] Chambre préliminaire I Décision relative à l'ensemble des droits procéduraux associés à la qualité de victime dans le cadre de la procédure préliminaire, affaire Katanga et N'Gudjolo (ICC-01/04-01/07-474), 13 Mai 2008. Voir également chambre préliminaire I, rectificatif à la décision relative à la portée des éléments de preuve qui seront présentés à l'audience de confirmation des charges, à la réinstallation préventive et à la communication en application de l'article 67-2 du Statut et de la règle 77 du règlement, Katanga et N'Gudjolo (ICC-01/04-01/07-428-corr.), 25 avril 2008. Dans cette décision, la chambre stipulait que : « *l'audience de confirmation des charges a une portée limitée et ne peut en aucun cas être considérée comme une fin en soi* » et que l'accusation devrait étudier attentivement les preuves sur lesquelles elle entendait se fonder de façon à les limiter aux « *témoins clés en l'espèce* ».

[130] Redress, op.cit.

Dans l'affaire Katanga, le juge a estimé que le simple fait d'établir l'intérêt personnel au début du procès était suffisant[131].

La règle 89[132] du règlement de procédure et de preuve fixe les modalités de la participation des victimes à la procédure en son paragraphe 1. Ainsi, elles peuvent faire des déclarations d'ouverture et de clôture. La jurisprudence de la cour, au fur et à mesure de son évolution, fixe les contours de la participation des victimes au procès. Dans l'affaire Lubanga, la chambre de première instance I a reconnu aux victimes participantes le droit d'accès à l'ensemble du dossier au cours de la procédure. Dans cette même affaire, il a été reconnu aux victimes le droit d'exprimer leurs vues et préoccupations en contestant la recevabilité des preuves ou en présentant elles-mêmes des éléments de preuves orales ou écrites. Cette décision a été reconduite dans l'affaire Katanga et N'Gudjolo, toujours sur requête des victimes, il leur a été reconnu le droit d'exposer leurs vues et préoccupations sans passer par leur représentant légal[133].

---

[131] Chambre de première instance I, décision relative à la participation des victimes (ICC-01/04-01/06-1119), 18 janvier 2008.

[132] La règle 89 du règlement de procédure et de preuve dispose : *les victimes qui veulent exposer leurs vues et leurs préoccupations adressent une demande écrite au greffier, qui la communique à la chambre compétente. Sous réserve des dispositions du Statut, en particulier du paragraphe 14 de l'article 68 ; le greffier communique une copie de la demande au Procureur et à la défense, qui ont toujours le droit d'y répondre dans le délai fixé par la chambre. Sous réserve de la disposition 2 (...), celle-ci arrête les modalités de la participation des victimes à la procédure, modalités qui peuvent inclure la possibilité de faire des déclarations au début et à la fin des audiences devant la cour.*

[133] Chambre préliminaire, décision relative à la requête déposée par les victimes afin d'exposer leurs vues et préoccupations en personne et de témoigner au procès, affaire Lubanga, 9 juillet 2009.

Dans l'affaire Bemba, au moins trois victimes ont été autorisées à présenter leurs vues et préoccupations par liaison vidéo[134].

Ces droits reconnus aux victimes sont exorbitants du droit commun. Ils contribuent à les apaiser, leur donner une place effective et provoquer chez elles un effet cathartique, un effet de guérison.

Qu'en est-il du mandat de réparation de la CPI ?

PARAGRAPHE 2 : LE MANDAT DE RÉPARATION DE LA CPI

La capacité de la CPI à accorder des réparations aux victimes est une composante importante de sa structure. Présentée par la communauté internationale dans son grand ensemble comme un pilier de justice, la CPI est aussi et surtout une référence en termes de mise en œuvre locale des droits des victimes dans le contexte de la réparation. Elle a fait sienne le principe de réparation développé au niveau du Droit International.

1. Le cadre normatif et la signification de la réparation en Droit International

Le cadre normatif est relatif à l'ensemble des pratiques qui régissent le mandat de réparation de la CPI.

Le droit à la réparation est un principe bien établi en Droit International. Dans l'affaire de l'usine de Chorzow, la CPJI a, à propos du droit à la réparation, conclu que « *c'est un principe du Droit International, voire une conception générale du droit que toute violation d'un engagement comporte l'obligation de réparer* [135]».

---

[134] Chambre de première instance III, décision on the presentation on views and concerns by victims, Bemba (ICC-01/05-01/08-2220), 24 mai 2012.

[135] CPJI, affaire Usine de Chorzow (demande d'indemnité), jugement du 13 septembre 1928.

Il en a conclu ensuite que « *la réparation doit, autant que possible, effacer toutes les conséquences de l'acte illicite et rétablir l'état qui aurait vraisemblablement existé si ledit acte n'avait pas été commis*[136]».

Hormis ces sources jurisprudentielles, il existe des sources textuelles sur la question. L'article 31 de la Commission de Droit Internationale (CDI) sur la responsabilité des États dispose que « *l'État responsable est tenu de réparer intégralement le préjudice causé par le fait internationalement illicite* ».

On pourrait également chercher dans la convention des Nations Unies contre la torture en son article 14 alinéa 1 qui pose le principe de la réparation en ces termes : tout État partie garantit, dans son système juridique, à la victime d'un acte de torture, le droit d'obtenir réparation et d'être indemnisée équitablement et de manière adéquate, y compris les moyens nécessaires à sa réadaptation la plus complète possible. En cas de mort de celle-ci, les ayants cause ont droit à indemnisation.

Les organes régionaux de protection des Droits humains ont également une pratique significative concernant le droit à la réparation des victimes.

S'inspirant de la jurisprudence Chorzow, la cour interaméricaine des Droits humains est allée plus loin dans l'affaire Velaquez Rodriguez en déclarant que la réparation du préjudice entraîné par la violation d'un engagement international consiste en une restitution intégrale (*restituo in integrum*), qui comprend le rétablissement de la situation antérieure, une réparation des conséquences de la violation, et l'indemnisation pour les dommages patrimoniaux et non patrimoniaux, comprenant le préjudice moral.

En ce sens, les réparations peuvent prendre la forme, selon les possibilités, d'une restitution intégrale ou

---

[136]Idem.

partielle, d'une indemnisation, d'une réadaptation ou réhabilitation ou de garanties de non-répétition.

Le Statut de Rome pose le cadre juridique de la réparation en son article 75. Le paragraphe 1 dispose : la cour établit des principes applicables aux formes de réparation, telles que la restitution, l'indemnisation ou la réhabilitation, à accorder aux victimes ou à leurs ayants droit. Sur cette base, la cour peut, sur demande, ou de son propre chef dans des circonstances exceptionnelles, déterminer dans sa décision l'ampleur du dommage, de la perte ou du préjudice causé aux victimes ou à leurs ayants droit, en indiquant les principes sur lesquels elle fonde sa décision.

2. La mise en œuvre et l'exécution de la réparation par la CPI

Le greffe est l'organe au sein de la cour, chargé de la question des victimes. Les unités spécifiques qui concernent les victimes sont : la Section de l'Information et de la Documentation (SID), la Section de la Participation des Victimes et des Réparations (SPVR), le Bureau du Conseil Public pour les Victimes (BCPV), le Fonds au profit des Victimes (FPV).

a) La SID

L'information ainsi que la sensibilisation des victimes et communautés affectées sont fondamentales pour le bon déroulement des procédures et pour que la justice soit rendue à ces communautés. Dans une procédure judiciaire, il ne suffit pas d'avoir raison, il faut pouvoir démontrer la culpabilité du suspect avec des preuves inattaquables et jugées recevables en justice.

Une mauvaise information sur le terrain peut de ce fait entraîner une mise en danger des victimes et des témoins ou réduire, voire anéantir leurs chances de participer à la procédure.

La SID s'occupe donc de la mise en place de stratégies spécifiques pour atteindre les victimes particulièrement vulnérables, invisibles ou traumatisées, y compris les femmes ayant un handicap ou les victimes sans abris et déplacées.

b) La SPVR

La SPVR répond directement à l'obligation pour le greffe de faciliter la participation des victimes dans les procédures et les demandes de réparations conformément au Statut de Rome et au règlement de procédures et de preuves.

Ce dernier dispose à cet effet en sa règle 16 paragraphe 1 alinéa b que : 1. En ce qui concerne les victimes, le greffier assume les fonctions suivantes conformément au Statut et au Règlement : b) les aider à obtenir des avis juridiques et à se faire représenter, et fournir à leurs représentants légaux l'aide, le soutien et les informations appropriées, y compris les installations dont ils peuvent avoir besoin pour exercer directement leurs fonctions, en vue de protéger leurs droits à toutes les phases de la procédure conformément aux règles 89 à 91.

Les règles, auxquelles il est fait renvoi dans cet article, concernent les demandes relatives à la participation des victimes, à la procédure (règle 89), à la représentation légale des victimes (règle 90), à la participation du représentant légal à la procédure (règle91).

Ainsi, la SPVR prépare les formulaires standards de demandes de participation dans les procédures et demandes à réparation conformément à la norme 104 du règlement du greffe[137]. Elle reçoit les demandes des

---

[137] La norme 104 du règlement du greffe dispose : *Les formulaires standards définis aux normes 86 et 88 du Règlement de la Cour, ainsi*

victimes et est sollicitée pour rassembler les informations manquantes conformément à la norme 88 paragraphe 2 du règlement de la Cour. La SPVR traite ensuite et présente les demandes des victimes aux chambres, accompagnées d'un rapport conformément aux normes 86 paragraphe 5 et paragraphe 6 du règlement de la Cour. La SPVR est également mandatée dans l'assistance des victimes et dans l'organisation de leur représentation légale commune[138].

c) Le BCPV

La norme 81 du règlement de la Cour établit un Bureau du Conseil Public des Victimes (BCPV). Il est mandaté pour fournir un soutien et une aide aux représentants légaux des victimes ainsi qu'aux victimes. Cette aide comprend la recherche juridique, le conseil, la comparution devant une chambre à l'égard des questions spécifiques.

d) Le FPV

La création du Fonds au Profit des Victimes (FPV) est prévue par l'article 79[139] du Statut de Rome. Ce fonds a été créé sur décision de l'Assemblée des États Parties (AEP) et les principes de gestion sont fixés par cette

---

que le document explicatif sont, dans la mesure du possible, mis à la disposition des victimes dans les langues qu'elles parlent. Le Greffe s'efforce de préparer les formulaires standard dans un format accessible, utilisable par la Cour et compatible avec la base de données électronique mentionnée à la disposition 2 de la norme 98. 2(...).

[138] Règle 90 du règlement de procédure et de preuves

[139] L'article 79 du Statut de Rome dispose : « *Un fonds est créé, sur décision de l'Assemblée des États Parties, au profit des victimes de crimes relevant de la compétence de la Cour et de leurs familles.2. La Cour peut ordonner que le produit des amendes et tout autre bien confisqué soient versés au fonds. 3. Le fonds est géré selon les principes fixés par l'Assemblée des États Parties.* »

entité. Par ailleurs, il peut être alimenté avec le produit des amendes ou des biens confisqués aux coupables de crimes.

Le fonds agit donc comme un dépositaire pour tout avoir saisi à des fins de réparations.

Un règlement du fonds au profit des victimes a été adopté[140] pour régenter les aspects et procédures relatives à l'exécution des réparations.

La création de ce fonds démontre l'importance de la prise en compte des besoins des victimes dans toute procédure pour qu'advienne la paix. Sa mission est d'offrir l'assistance et de mettre en œuvre les programmes élaborés pour répondre aux préjudices causés par les crimes massifs que sont les crimes de guerre, les crimes contre l'humanité, les crimes de génocide. Pour parvenir à cette fin, le fonds au profit des victimes a deux mandats. Le premier est d'exécuter les mesures de réparations prises par la Cour et le deuxième est de fournir l'assistance physique, psychologique et matérielle aux victimes et à leurs familles. Le fonds au profit des victimes contribue à la réalisation d'une paix durable par la promotion d'une justice restauratrice et réconciliatrice.

La CPI a rendu son verdict pour la première affaire le 10 juillet 2012 à l'occasion du procès Lubanga. C'est la première décision de la Cour ayant force de la chose jugée et de ce fait étant susceptible d'ouvrir droit aux réparations pour les victimes.

Le 7 août 2012, la Chambre de première instance I a fixé les principes applicables en matière de réparation pour les victimes concernées et a ordonné que des réparations collectives leur soient versées par l'intermédiaire du fonds.

---

[140] Le règlement du fonds au profit des victimes a été adopté par la résolution ICC-ASP/4/Res. 3 lors de la 4ème session de l'Assemblée des Etats Parties (AEP) tenue du 28 novembre au 3 décembre 2006.

Thomas Lubanga a été condamné à 14 ans de prison pour crime de guerre. Le verdict et la peine ont été confirmés par la Chambre d'appel le 1er décembre 2014.

Le 3 mars 2015, la chambre a rendu un arrêt relatif à l'appel interjeté contre la Décision fixant les principes et procédures applicables en matière de réparations. La chambre a modifié l'ordonnance de réparation en demandant au Fonds de présenter un projet de mise en œuvre des réparations collectives. Cette décision de la Cour précise davantage le rôle du Fonds au Profit des Victimes dans la conception et la mise en œuvre des réparations.

L'ordonnance modifiée de la Chambre d'appel permet d'avoir une idée des réparations[141] :

(…) toutes les victimes doivent être traitées de manière juste et équitable eu égard aux réparations, qu'elles aient pris part à la procédure ou non ,

Le programme de réparation devrait comprendre des mesures tendant à la réintégration des anciens enfants soldats afin d'éradiquer la victimisation, la stigmatisation, et la discrimination dont souffrent ces jeunes ,

L'adoption d'une approche tenant compte de la différence entre les sexes au moment d'élaborer les principes et procédures devant être liés aux réparations ,

L'octroi des réparations uniquement à titre collectif et non individuel, eu égard au nombre de victimes,

La fourniture des services médicaux aux victimes (notamment des soins psychiatriques et psychologiques), en plus d'une aide à la réhabilitation en général, au logement, à l'éducation et à la formation,

L'orientation des réparations vers des programmes autonomes afin de permettre aux victimes, à leur famille, à leur communauté de bénéficier des mesures à long terme.

---

[141] Rapport sur l'état d'avancement des programmes, Fonds au profit des victimes, Assistances et réparations, Septembre 2015.

La jurisprudence de la Cour est donc naissante dans le domaine des réparations ; celle-ci pourrait se fonder, en plus des sources textuelles dont elle dispose, sur les réparations des tribunaux pénaux internationalisés, notamment les Chambres extraordinaires au sein des Tribunaux cambodgiens qui avaient également un mandat de réparation.

Au total, la création de la CPI répond aux aspirations de préservation de la paix par le biais de la justice. Certes, les renvois à la paix ne sont pas assez perceptibles dans les dispositions du Statut de Rome comme ce fut le cas pour les TPI, créés par le Conseil de Sécurité des Nations Unies sous le chapitre VII relatif à la paix ; toutefois dans le préambule qui établit les objectifs globaux de la Cour, les questions de paix ne sont pas occultées. Bien au contraire le préambule reconnaît que les crimes pour lesquels la CPI est compétente menacent la paix et la sécurité internationale. On pourrait en déduire que les actions de la Cour ont pour but, soit de préserver cette paix, soit de la rétablir en cas de rupture. D'ailleurs, bien que rares, certaines dispositions sont relatives à la paix, notamment l'article 16 du Statut qui prévoit la possibilité pour le Conseil de Sécurité de faire une demande de sursis à enquêter ou à poursuivre relativement au chapitre VII de la Charte des Nations Unies. Dans ce cas, la CPI privilégierait la paix au détriment de la justice. Malgré les nombreuses réserves et les controverses que peut soulever cet article, il présente l'avantage de la prise en compte des questions de paix dans le corps du Statut de la Cour.

La saisine de la Cour par le Conseil de Sécurité, conférant à la CPI le caractère universel qui lui fait défaut, se fait également sur la base du chapitre VII précité. Ainsi, quand la paix et la sécurité internationale sont menacées, la CPI peut agir partout, au mépris de certains principes généraux internationaux de Droit notamment l'effet relatif des traités. C'est dire que les actions de la Cour visent au-delà des peines qui sont prononcées contre des individus, le rétablissement de la paix, perturbée par les actions des personnes s'étant rendues coupables d'actes répréhensibles en vertu du Statut de Rome.

CONCLUSION PARTIELLE

L'historique de la CPI retrace les grandes échéances qui ont précédé sa création. Tous les modèles élaborés avant la CPI ont montré leurs limites ; certains étaient des modèles de justice à sens unique, c'est le cas des tribunaux de Nuremberg et de Tokyo. D'autres ont été créés pour répondre à des violations massives de Droits humains bien précises et circonscrites dans l'espace et dans le temps : les Tribunaux Pénaux Internationaux. Ils ont également montré leurs limites, car, l'aspiration d'une juridiction internationale universelle et permanente demeurait.

L'avènement de la CPI permettra de faire germer à nouveau l'idée selon laquelle il n'y aurait plus d'injustice, à tout le moins, plus d'impunité. Ces différents cheminements pour aboutir à la création de la Cour ont fait ressortir l'idée de mettre fin à l'impunité, de punir les pires violations des droits de l'homme pour que prévale le « *plus jamais ça* ».

La CPI a donc été instaurée, pour administrer la justice. Une justice à deux volets dont le premier aspect est centré sur le « *perpetrateur* », en d'autres termes le criminel. Il s'agit d'administrer la justice dans sa fonction traditionnelle et dans son aspect juridique. Cette justice permettra ainsi de punir l'auteur, nonobstant son rang ou sa qualité officielle. Un deuxième volet et non des moindres, ce qui est apparu comme une innovation dans le domaine de la justice pénale internationale, est celui de la place qu'occupe désormais la victime dans les procédures au niveau international. Il s'agit d'une justice pour les victimes, pour les apaiser et surtout, leur « *rendre justice* » pour les violations qu'elles ont subies.

C'est une justice restauratrice parce qu'elle permet dans un premier temps de reconnaître à la victime sa qualité de « *victime* », car comme le dit Antoine Garapon, « *Les victimes n'attendent pas seulement de la justice leur part-qu'on restitue leurs droits, qu'on les indemnise voire qu'on châtie les coupables- mais aussi et même d'abord à être (reconnues)* »[142].

Il poursuit : « Le procès n'offre pas simplement une tribune pour la souffrance des survivants : il (constitue) ces êtres douloureux en victimes. Et en les reconnaissant en tant que telles, il les libère paradoxalement de cette condition inférieure. La victimité n'est pas une situation de fait, mais une position qui a besoin d'être reconnue juridiquement[143] ».

Les droits accordés aux victimes par la CPI, notamment le droit d'exprimer leurs vues et préoccupations permet à celles-ci d'exprimer leur ressentiment, leur rancœur avant tout, car la vérité et la parole sont thérapeutiques.

Amy Ross affirmait à ce propos que : *Outre la valeur présumée de la vérité en tant que contribution à la protection des droits de l'Homme, celle-ci est également considérée comme une réponse thérapeutique pour les victimes. Une vérité historique doit être rétablie dans sa réalité pour que l'individu, la communauté, puissent guérir*[144]

La CPI, à travers cette prise en compte des préoccupations des communautés affectées, ne reste pas seulement au sens de « *faire justice en punissant les*

---

142 Antoine Garapon, des crimes qu'on ne peut ni punir, ni pardonner, Paris : édition Odile et Jacob, novembre 2002.

143 Idem

144 Amy Ross, Les politiques de vérité ou la vérité sur les politiques, politique africaine n°92, décembre 2003.

coupables », mais l'approfondit en rendant justice aux victimes ; le faisant, elle échappe aux critiques auxquelles font face les juridictions pénales classiques, qui focalisent leurs attentions sur le coupable, sur la peine au détriment de la victime.

Le crime a parfois un sens inachevé qui étend son épilogue. Tant que justice n'a pas été rendue, quelque chose reste ouvert, béant. Le crime est une action en suspens, qui a amputé la victime d'une partie d'elle-même et a fait naître une créance contre le criminel. C'est pourquoi le procès se présente comme un acte réflexif toujours secondaire par rapport à une action initiale. Les victimes attendent que cette première action soit terminée faute de quoi, elle recouvrerait un droit naturel de se venger[145] .

Ainsi, la justice est appréhendée dans son aspect sociologique, celle qui permet à la société de se réconcilier avec elle-même, avec son passé et de permettre l'avènement d'une paix sociale, d'une paix durable.

Nonobstant ces mesures exorbitantes de droit commun, prises par la CPI pour assurer la justice et partant la paix, des critiques ayant autrefois jalonné l'existence de ses pairs s'élèvent contre elle. La Cour présente des limites qui conduisent à entacher l'œuvre de recherche de la paix et d'administration de la justice, juste et équitable, qui lui a été assignée.

[145]Antoine Garapon, op. cit P 166.

Deuxième partie
LA CPI : UNE INSTITUTION LIMITÉE

La CPI a été créée pour promouvoir la justice et la paix en mettant fin à l'impunité. Plus de dix (10) ans après l'entrée en vigueur de son Statut, force est de reconnaître que la CPI n'a pas atteint les objectifs tant souhaités. La Cour, à l'instar des tribunaux de Nuremberg et de Tokyo ainsi que des TPI créés par le Conseil de Sécurité souffre de limites aussi bien textuelles qu'opérationnelles.

Chapitre I
DES LIMITES TEXTUELLES

Les limites textuelles de la CPI sont celles qui découlent directement des textes portant création de la Cour. D'une part, les organes de saisines sont influencés et d'autre part la compétence de la CPI est limitée.

SECTION 1 : DES ORGANES DE SAISINES INFLUENCES

La CPI peut être saisie autant par les États, le Procureur que le Conseil de Sécurité. Si le premier mode de saisine pose moins de problèmes du fait que c'est l'État qui délègue une partie de sa compétence à la Cour, il n'en est pas de même des deux autres modes de saisines. La saisine par le Conseil de Sécurité reste un mode aléatoire et politisé et l'auto saisine du Procureur, un mode critiqué.

PARAGRAPHE 1 : LA SAISINE PAR LE CONSEIL DE SÉCURITÉ, UN MODE ALÉATOIRE ET POLITISE

Le Conseil de Sécurité joue un rôle central dans le système judiciaire international[146]. La saisine de la CPI par cet organe se caractérise par l'incertitude qui l'entoure. Le Conseil de Sécurité a également le pouvoir de suspendre les activités de la CPI au nom des impératifs de paix.

1. L'incertitude de la saisine du Conseil de Sécurité

Aux Nations Unies, à côté de l'organe plénier qui est l'Assemblée Générale, existe un organe restreint, le Conseil de Sécurité. C'est l'organe exécutif de l'ONU. Il a la responsabilité principale du maintien de la paix et de la sécurité internationale selon la Charte des Nations Unies. L'article 24 alinéa 1 de la Charte des Nations Unies dispose en ce sens : *afin d'assurer l'action rapide et efficace de l'Organisation, ses membres confèrent au Conseil de Sécurité la responsabilité principale du maintien de la paix et de la sécurité internationales et reconnaissent qu'en s'acquittant des devoirs que lui impose cette responsabilité, le Conseil de Sécurité agit en leur nom .*

En son article 13 alinéa b, le Statut de Rome a prévu la saisine de la CPI par le Conseil de Sécurité. L'incertitude qui règne autour de la saisine se situe à plusieurs égards.

D'abord, toute résolution du Conseil de Sécurité suppose un vote. L'article 23[147]de la charte des Nations

---

[146]Federica Dainotti, *La Cour Pénale Internationale est une réalité, Analyse de cette nouvelle juridiction à la fois indépendante et interdépendante au sein d'un système de relations internationales en pleine mutation*, Mémoire, Institut Européen des Hautes Etudes Internationales, Fac. de Droit, 2005-2006.

[147]L'article 23 alinéas 1 de la charte des Nations Unies dispose : *le conseil de sécurité se compose de quinze membres de l'Organisations.*

Unies donne la composition du Conseil de Sécurité. Il comprend quinze membres, dont cinq permanents disposant du droit de veto. Toute résolution du Conseil de Sécurité suppose un vote que peut venir entraver le recours, par un des cinq membres permanents, à son droit de veto. Si un de ces cinq permanents entend « *protéger* » un Etat où se dérouleraient des crimes relevant de la compétence de la Cour, la saisine de celle-ci s'avérerait impossible plombant l'œuvre de lutte contre l'impunité.

Ensuite, la nécessité pour le Conseil de Sécurité de se placer dans le cadre du chapitre VII de la charte des Nations Unies suppose qu'au préalable, le Conseil ait constaté *une menace contre la paix, une rupture de la paix ou un acte d'agression*. Or, cette constatation ne va pas de soit si celle-ci intervient dans le cadre d'un conflit armé non international ou dans le cadre d'une répression, purement interne, conduite par le gouvernement d'un État contre un groupe ou des membres d'un groupe du fait de son appartenance à une ethnie, une religion ou une idéologie différente.

Certes, le Conseil de Sécurité a souvent considéré que des conflits, apparemment internes, pouvaient constituer une menace contre la paix, ce fut le cas au Rwanda, en Haïti, en Angola, en Somalie, en Afghanistan, en RDC… toutefois, hormis ces cas extrêmes, certaines situations peuvent demeurer hors du champ de compétence assigné

La République de Chine, la France, l'Union des Républiques Socialistes Soviétiques, le Royaume Unie de Grande Bretagne et l'Irlande du Nord et les Etats Unies d'Amérique sont membres permanents du Conseil de Sécurité. Dix autres membres de l'Organisations sont élus, à titre de membres non permanents du Conseil de Sécurité, par l'Assemblée Générale qui tient spécialement compte, en premier lieu, de la contribution des Membres de l'Organisation au maintien de la paix et de la sécurité internationales aux fins de l'Organisation, et aussi d'une répartition géographique équitable.

au Conseil de Sécurité. De telles situations ne seraient donc pas susceptibles d'entraîner la saisine de la Cour par le Conseil de Sécurité.

Par ailleurs, les membres permanents du Conseil de Sécurité sont de plus en plus décriés. Le Conseil est constitué essentiellement des puissances victorieuses de la Seconde Guerre mondiale. C'est ce qui expliquerait la présence des alliés uniquement entre les membres permanents du Conseil de Sécurité, bénéficiant d'un droit de vote particulier, le droit de veto.

L'utilisation du droit de veto par les membres permanents lors du vote des résolutions ne tient pas compte des menaces contre la paix et la sécurité internationale, mais plutôt des intérêts politiques.

Le Conseil de Sécurité en sa composition actuelle est remis en cause, car, si en 1945, il répondait aux réalités des forces en présence, ce n'est pas le cas aujourd'hui avec l'émergence des puissances, dites autrefois de l'axe, et la progression des pays africains, de l'Amérique latine et du Moyen-Orient.

Une large partie des États membres depuis les années 1970 contestent le choix des membres permanents et réclament un élargissement du nombre de ces membres pour prendre en compte les pays émergents d'Afrique, d'Amérique du Sud ou d'Europe, telle l'Allemagne qui avait été laissée pour compte dans la répartition, parce que vaincue lors de la Seconde Guerre mondiale. Pourtant le statu quo demeure.

Kofi Annan soulignait en mars 2005 : il est nécessaire de modifier la composition du Conseil afin qu'il soit plus largement représentatif de la communauté internationale et des réalités géopolitiques modernes et acquière une plus grande légitimité aux yeux de la Communauté internationale [148]. C'est dire toute l'acuité avec laquelle se pose la réforme du Conseil de Sécurité. Un tel Conseil chargé de saisir la Cour en cas de violation grave menaçant la paix et la sécurité ne peut être que miné par des divisions internes et la protection de positionnement géo stratégique de la part des cinq « supers grands ».

En outre, le Conseil de Sécurité a également le pouvoir de suspendre les procédures de la CPI.

2. De la possibilité pour le Conseil de Sécurité de suspendre les activités de la CPI

Le Statut de Rome en son préambule affirme au paragraphe 3 reconnaître que *« les crimes d'une telle gravité menacent la paix, la sécurité et le bien-être du monde »*, on pourrait déduire de cet article que la répression de ces crimes permettrait le rétablissement de cette même paix.

Également, le conseil de sécurité par le biais de l'article 16 du Statut de la CPI peut paralyser l'action de la justice internationale pour assurer cette paix. L'article 16 dispose : « *aucune enquête ni aucune poursuite ne peuvent être engagées ni menées(...) pendant les douze mois qui suivent la date à laquelle le Conseil de Sécurité a fait une demande en ce sens à la Cour dans une résolution adoptée en vertu du Chapitre VII de la Charte des Nations Unies ; la demande peut être renouvelée par le Conseil dans les mêmes conditions* ».

Le sursis à enquêter ou à poursuivre trouve son fondement dans le chapitre VII de la charte des Nations Unies, donc dans des exigences du maintien de la paix et de la sécurité internationale.

---

[148] Nations Unies, *Dans une liberté plus grande : développement, sécurité et respect des Droits humains pour tous,* Rapport du Secrétaire Général (A/59/2005 para 168).

Il vise certainement à ne pas entraver des négociations diplomatiques ayant pour objet un accord de paix ; il vise également le respect par la CPI des prérogatives que le Conseil de Sécurité tient de la charte des Nations Unies.

L'article 16 du Statut de Rome est le fruit d'un compromis intervenu après de longues discussions[149]. Cette disposition a suscité de nombreux commentaires et critiques. Certains ont déploré qu'un rôle aussi déterminant soit conféré au Conseil de Sécurité sur le fonctionnement de la CPI alors même que d'autres souhaitaient détacher le plus possible la nouvelle juridiction de cette instance politique et interétatique suprême[150].

Cet article est une des grandes critiques des partisans d'une CPI indépendante. Pour eux, la nécessité de ne pas entraver les négociations diplomatiques ayant pour objet un accord de paix ne justifierait pas ce pouvoir de suspension des activités de la CPI sans limites de temps[151]. Cette disposition arrête aussi les enquêtes, elle ne permet donc pas au Procureur de mettre en œuvre, à titre conservatoire, des investigations qui permettraient d'éviter le dépérissement des preuves (recueil de témoignages)[152].

Pourtant certains précédents ont montré que des poursuites judiciaires, à tout le moins des enquêtes, peuvent être menées pendant un conflit. L'expérience du TPIY est éloquente sur ce point. En effet, ce tribunal a été

---

[149] William Bourdon, vers la fin de l'impunité des chefs d'Etat en exercice ?, in livre noir, terrorisme et responsabilité pénale internationale, éd ; Calmann-Lévy, Paris 2002.

[150]Idem.

[151] Une suspension pour une durée limitée et au regard uniquement de l'exécution des mandats d'arrêts ou actes de poursuite aurait paru plus acceptable, cf. P. Baudoin, la Cour Pénale Internationale est déjà paralysée, Ed Electronique.

[152] Un amendement fut proposé en ce sens par la Belgique à Rome mais celui-ci ne fut pas adopté. W. Bourdon op. cit.

créé alors que le conflit se déroulait en Bosnie. La poursuite des criminels de guerre bosniaques joua également un rôle constructif dans la signature des accords de Dayton[153].

Le Conseil de Sécurité a eu recours à cet article seulement dix jours après l'entrée en vigueur du Statut de Rome. Alors que la CPI n'avait pas encore commencé ses activités judiciaires, le Conseil de Sécurité vota la résolution N°1422 qu'il adressa à la cette Cour indiquant, qu'en vertu du chapitre VII de la charte des Nations Unies, conformément à l'article 16 du Statut de Rome, que s'il survenait une affaire concernant des responsables ou des personnels en activité ou d'anciens responsables d'un État contributeur qui n'est pas partie au Statut de Rome, à raison d'actes ou d'omissions liés à des opérations établies ou autorisées par l'Organisations des Nations Unies, le Conseil demande, pendant une période de 12 mois commençant le 1er juillet 2002, que la Cour n'engage ni ne mène aucune enquête ou aucune poursuite, sauf si le Conseil en décide autrement.

Cette décision fut réitérée dans la résolution 1487 du 12 juin 2003. Ainsi, deux ans durant, le Conseil de Sécurité a tenu la CPI en état.

C'est dire combien l'émotion a prévalu dans la votation par le Conseil de Sécurité des résolutions 1422 et 1487, qui ont fait l'objet de nombreuses critiques[154]. Ces faits

---

[153] Human Rights Watch, wrongs and rights about the international criminal court, "*the indictement of Radovan KARADZIC and Radko Mladvic, the former Bosnian serb political and military leaders, has helped to sideline two of te most violent opponents of ethnic co-existence, wich lies at the heart of the Dayton peace plan*".

[154] Julian Fernandez, la Politique juridique extérieure des Etats –Unis à l'égard de la CPI, Paris: Pedone, 2010.

constituent des précédents fâcheux et regrettables dans l'existence de la CPI[155].

Pour L. Condorelli et S. Villapando, des doutes surgissent quant à la conformité de ces résolutions avec le Statut et la charte, car lesdites résolutions impliquent clairement une interprétation exorbitante de l'article 16 permettant au politique d'empiéter sur le judiciaire dans une mesure allant bien au-delà de ce qui serait conforme au ratio de cette disposition. En effet, contrairement aux conditions imposées par le Chapitre VII de la charte, le Conseil n'y a pas du tout fait valoir que la mesure adoptée (le sursis à enquêter ou à poursuivre pour la Cour) répondait aux intérêts relatifs au maintien de la paix et de la sécurité internationales dans une situation précisément identifiée[156].

Le Conseil de Sécurité, par l'article 16 aura ainsi la faculté de plomber l'œuvre de justice internationale présumée en faveur de la paix, pour assurer cette même paix sur le fondement du chapitre VII.

On pourrait rappeler que les résolutions du Conseil de Sécurité N°827 du 25 mai 1993 et 955 du 08 novembre 1994 instituant le TPIY et le TPIR se fondait au plan juridique sur l'affirmation selon laquelle l'œuvre de justice est facteur de rétablissement de la paix.

En tout état de cause, il s'avère difficile quelquefois impossible de trouver un compromis satisfaisant entre ces deux exigences, a priori complémentaires et alliées, mais qui peuvent se révéler contradictoires.

Quid du Procureur ?

---

[155] L. Condorelli et S. Villalpando, *la cour pénale internationale ; un pas de géant pourvu qu'il soit accompli,* in RGDIP, Tome 103, paris : Pedone, 1999.

[156] Idem

PARAGRAPHE 2 : L'AUTO SAISINE DU PROCUREUR, UN MODE CRITIQUE

Les principes guidant le bureau du **Procureur** ainsi que les critères de recevabilité des requêtes feront l'objet de cette partie. Nous procéderons à une analyse critique de ces principes ainsi que des critères de recevabilité.

1. Analyse critique des principes guidant le bureau du Procureur

Quatre principes guident le **Procureur** dans la sélection des affaires conduisant à l'ouverture d'une enquête. Ce sont l'indépendance, l'impartialité, l'objectivité et la non-discrimination[157].

a) .L'indépendance et la non-discrimination

L'indépendance implique pour **lui** de s'assurer que le processus n'a pas été influencé par les souhaits présumés d'une source extérieure particulière, il prend **aussi** en compte l'équilibrage entre la coopération des différentes parties. Ces aspects sont réitérés dans le plan stratégique 2016-2018 du bureau du Procureur précisément dans l'objectif stratégique 1: « *mener des examens préliminaires des enquêtes et des poursuites de haute qualité (...) en toute indépendance* ».

Cette indépendance s'exprime également par le pouvoir du Bureau du Procureur (BdP) d'ouvrir une enquête de sa propre initiative comme ce fut le cas au Kenya ou en Côte d'Ivoire.

Toutefois le BdP applique une politique qui encourage et favorise des renvois volontaires des États parties dans ce qui constitue la première application de la compétence

---

[157] Avant-projet de document de politique générale du Bureau du Procureur, cité par Human Rights Watch, *une Cour pour l'histoire. Les premières années de la Cour pénale Internationale à l'examen*, juillet 2008.

de la CPI[158]. La politique d'encouragement du renvoi volontaire pourrait être en déphasage avec le principe d'indépendance du BdP eu égard aux choix des personnes qui feront l'objet de poursuites.

Dans bien des cas, les Chefs d'État ont renvoyé des situations quand il s'agissait de poursuivre leurs opposants, mais lorsque la CPI a commencé ses enquêtes et décidé d'incriminer la partie ayant renvoyé l'affaire, c'est-à-dire la partie au pouvoir, les positions de ceux-ci sur la Cour ont changé.

Il semble d'autant plus normal qu'un régime ne renvoie à la CPI que ses adversaires et qu'il se montre très coopératif dans les poursuites intentées contre eux. Cette pratique tend à se généraliser au grand dam des idéaux de paix et de justice. Dans ces conditions, la politique d'encouragement des renvois volontaires conduirait inéluctablement à des poursuites discriminatoires fondées sur l'appartenance politique. Elle serait en violation du principe de non-discrimination.

Pour Human Rights Watch, jusqu'en janvier 2008, les mandats d'arrêt délivrés dans les situations liées à un renvoi volontaire visent uniquement des dirigeants rebelles[159]. La situation n'a pas beaucoup évolué à ce jour.

En Ouganda, cinq mandats d'arrêt ont été délivrés, tous contre des commandants de l'Armée de Résistance du Seigneur (ARS), au Congo, 4 mandats d'arrêt ont été émis contre des groupes « *rebelles* ».

En Côte d'Ivoire, trois mandats d'arrêt ont été délivrés, tous contre des dirigeants de **l'ex-parti** au pouvoir, le

---

[158] BdP, rapport sur les activités mises en œuvre au cours des trois premières années (juin 2003-juin 2006), 12 septembre 2006, document disponible sur le site www.icc-cpi.int.

[159] Human Rights Watch, Une Cour pour l'histoire, les premières années de la Cour Pénale Internationale à l'examen, Juillet 2008.

Front Populaire Ivoirien, donnant le sentiment dans l'imaginaire populaire d'une justice de vainqueurs.

Une étude réalisée en ce sens par la Coalition Ivoirienne pour la Cour Pénale Internationale (CI CPI)[160] en mars 2015 faisait ressortir que 47,10% des personnes interrogées au cours de l'enquête ne font pas confiance à la CPI ; 45% de ces personnes estiment qu'elle est partisane et corrompue quand 55% expliquent leur manque de confiance par le fait qu'elle est sélective et ne poursuit que les « *pro-Gbagbo* ». Sur l'ensemble de l'étude, 40% des interviewés contre 34% et 25% d'abstentions, estiment que la CPI est incapable de ramener la paix en Côte d'Ivoire puisqu'elle est partiale, sélective, corrompue et incapable de résoudre la crise ivoirienne.

Pour justifier les poursuites ciblées qui ternissent son image dans bien des communautés, le Procureur argue qu'il suit *« une approche séquentielle »*, ce qui signifie que les enquêtes relatives à une même situation sont menées de manière successive et non concomitante[161]. Dans son plan stratégique 2016-2018[162] le bureau du Procureur indique que cette situation est également due au manque de moyens ; ainsi, se dit-il contraint de prendre la difficile décision de ne pas ouvrir d'enquêtes ou d'en suspendre d'autres. Il reconnait que « *cette réalité a restreint la capacité du bureau à intervenir dans des situations en cours d'évolution (Libye, Darfour, Mali...), et a nui à son image (par exemple, retard dans les enquêtes menées à l'encontre des deux camps en Côte d'Ivoire)* ».

[160] Coalition Ivoirienne pour la Cour Pénale Internationale (CICPI), rapport d'enquête sur la perception de la population sur la justice nationale, internationale et transitionnelle, 2015.

[161] FIDH, les premières années de la CPI, n°516, décembre 2009.

[162] Version du 06 juillet 2015.

L'approche séquentielle présente un avantage pour le Procureur. D'abord, il utilisera une équipe réduite sur le terrain. Ensuite, il assurera plus aisément la sécurité du personnel déployé sur le terrain ainsi que celle des témoins contrairement aux enquêtes simultanées qui requerrons plus d'équipes, d'agents de sécurité et par conséquent générera des coûts plus élevés.

Toutefois, l'application de cette approche séquentielle et du principe de « *l'heure cruciale* » par le Procureur peut provoquer des retards additionnels dans un processus déjà très long. Toute chose qui contribuera à ternir son image et celle de la Cour puisqu'elle sera considérée par une frange de la population comme une justice à sens unique.

Selon la FIDH, cette méthode peut entraîner des perceptions erronées. Se concentrer uniquement sur des faits ou des auteurs très précis et limités peut laisser penser que d'autres crimes graves ne sont pas commis par d'autres parties au même conflit[163].

b) .L'impartialité et l'objectivité

L'impartialité fait partie intégrante des aspirations du bureau du Procureur. Dans son nouveau plan stratégique, celui-ci prévoit en son objectif stratégique 1 de *mener des examens préliminaires, des enquêtes et des poursuites en toute impartialité (...).*

Comme l'exige le Statut de Rome, l'impartialité et l'objectivité se mesurent à la fois dans la capacité du BdP à respecter, à faire respecter le principe de la présomption d'innocence des personnes poursuivies, à mener les enquêtes à charge et à décharge . Par ailleurs, au vu des pressions qui sont exercées sur le bureau du procureur lorsque des mandats d'arrêt sont émis, celui-ci devrait résister à la pression à divers niveaux notamment celle des

---

[163] Idem.

victimes, de l'opinion publique, des médias, des Organisations non gouvernementales.

Selon la FIDH, l'apparition en publique du Procureur et du Président ougandais au début des enquêtes ainsi que l'absence de mandats d'arrêt contre les forces de l'armée ougandaise (Uganda People's Defense Army, UPDF) l'autre partie au conflit a soulevé des critiques sur un possible manque d'impartialité de la part du bureau du Procureur[164].

En effet, dans des sociétés polarisées au plan ethnique, social, religieux ou politique, l'approche séquentielle du bureau du Procureur aura des effets néfastes sur la perception des populations quant à la Cour.

La FIDH poursuit pour dire que « les mandats d'arrêt contre l'ARS ont été des facteurs déterminants sur le chemin des négociations visant à sortir de plus de vingt (20) ans de crises ; ils ont contribué à ce que l'ARS signe un cessez-le-feu et négocie avec le gouvernement ougandais la fin du conflit [165]». Ainsi, l'action de la CPI en Ouganda a contribué à ramener la paix.

La non-exécution des mandats d'arrêt met en péril les efforts de lutte contre l'impunité.

Le bureau du Procureur est conscient de ces critiques puisqu'elles font partie des risques stratégiques identifiés dans son plan stratégique 2016-2018. La baisse de confiance dans le bureau en raison d'une *perception inexacte selon laquelle le bureau manquerait d'indépendance ou d'impartialité*.

La CPI gagnerait à travailler ces différents éléments pour rehausser son niveau de crédibilité dans les sociétés où elle met en œuvre son mandat de lutte contre l'impunité.

---

[164] FIDH, op. Cit P. 187.

[165] Idem.

Les critères d'ouvertures des enquêtes méritent également d'être analysés.

2. Analyse critique des critères guidant l'ouverture d'une enquête

Trois critères guident l'ouverture d'une enquête par le BdP : l'existence d'une base légale, la recevabilité et l'intérêt de la justice.

a) L'existence d'une base légale

Cette exigence va de soi. Elle est prescrite par le principe général de droit pénal « *Nullum crimen sine lege* ». Ce principe est cristallisé dans l'article 22 paragraphe 1 du Statut de Rome qui dispose : *une personne n'est responsable pénalement en vertu du présent Statut que si son comportement constitue, au moment où il se produit, un crime relevant de la compétence de la Cour*. Ce critère ne pose pas particulièrement de problème.

b) La recevabilité

La recevabilité comprend deux critères : la complémentarité prévue à l'article 17 paragraphe 1 alinéas a, b, c et la gravité prévue à l'article 17 paragraphe 1 alinéa d.

Le critère de gravité est un critère statutaire de la recevabilité. Il est difficile à évaluer et se prête facilement à des interprétations subjectives. L'incertitude sur le contenu de la notion de la gravité est perceptible dans les différentes prises de position tant du BdP que des chambres de la CPI ; ces positions sont parfois contradictoires, dans au moins trois cas, à savoir l'affaire Bosco Ntanganda, la situation en Irak, et enfin la requête du Procureur du 20 novembre 2008 aux fins d'obtenir un mandat d'arrêt contre trois chefs rebelles au Darfour[166].

Dans l'affaire Bosco Ntanganda dans les procédures relatives à la demande du mandat d'arrêt, la chambre préliminaire avait conclu au rejet de la demande du mandat d'arrêt contre ce dernier aux motifs que les faits n'atteignaient pas le seuil de gravité requis, tel que la chambre venait de le circonscrire.

La chambre préliminaire a estimé qu'une affaire était grave lorsqu'une réponse affirmative était donnée aux questions suivantes :

La conduite qui est l'objet de la présente affaire est-elle systématique ou à grande échelle – en prenant en considération la réaction sociale causée à la communauté internationale par ce genre de conduite ?

La question du rang de la personne poursuivie dans l'organisation, l'entité étatique ou l'État ainsi que le rôle joué par la personne dans l'organisation auquel il faut ajouter le rôle joué par celle-ci, l'entité étatique ou l'État dans la commission globale des crimes de la compétence de la Cour dans la situation pertinente[167].

La chambre d'appel a balayé ces critères les estimant erronés, sans pour autant donner ses critères propres pour déterminer le seuil de gravité requis pour qu'une affaire soit recevable. Le problème demeure donc entier[168].

---

[166] Jacques Mbokani, l'impact de la politique de poursuite du bureau du Procureur sur la lutte contre l'impunité et la prévention des crimes de droit international, article disponible sur le site http://droits-fondamentaux.u-paris2.fr/sites/default/files/publication/limpact_de_la_strategie_de_poursuite_du_procureur_de_la_cour_penale_internationale.pdf

[167] Décision sur la situation au Darfour, du 4 février 2009, disponible en ligne sur http://www.icc-cpi.int/iccdocs/doc/doc627395.pdf consulté le 10 novembre 2013.

[168] Décision de la chambre d'appel, décision du 13 juillet 2006, arrêt relatif à l'appel interjeté par le Procureur contre la décision de la

Fatou Bensouda, Procureur de la CPI, essaye d'apporter quelques éléments pour expliquer cette notion de gravité : « Au niveau de mon bureau, nous regardons ces crimes, que ce soit l'un d'eux, où ils ont été commis et où se situe la gravité du crime. Cela ne concerne pas le nombre de morts, nous regardons l'étendue de la crise, la nature, l'impact dans le pays ou dans la région(…)[169] ».

Ces éléments de détermination restent subjectifs. En attendant qu'une jurisprudence pertinente vienne préciser les choses, il est permis de dire que la condition de l'article 17 paragraphe 1 alinéa d, est une condition d'application compliquée, voire irréelle. En outre cette condition comporte le risque d'entraîner une perception négative et dangereuse consistant à banaliser les crimes ou incidents qui n'ont pas été sélectionnés par le Procureur pour les enquêtes et les poursuites. Il est important pour les États de se pencher aux prochaines conférences de révision sur ce critère pour le remplacer par un autre beaucoup plus objectif.

c) L'intérêt de la justice

Le Statut de la CPI prévoit que l'ouverture d'une enquête doit servir les intérêts de la justice.

En son article 53 paragraphe 1 alinéa c le Statut dispose : 1. Le Procureur, après avoir évalué les renseignements portés à sa connaissance, ouvre une enquête à moins qu'il ne conclut qu'il n'y a pas de base raisonnable pour poursuivre en vertu du présent Statut. Pour prendre sa décision, le Procureur examine (…) c. s'il

---

chambre préliminaire I intitulé « *décision relative à la requête du Procureur aux fins de délivrance de mandats d''arrêt en vertu de l''article 58* », §82, disponible en ligne sur http:/www.icc-cpi.int/iccdocs/doc256714.pdf

[169] Propos tirés de l'interview de Fatou BENSOUDA, Procureur de la CPI le 22 juillet 2013, disponible sur le site www.ladepecheabidjan.info.

y a des raisons sérieuses de penser, compte tenu de la gravité du crime et des intérêts des victimes, qu'une enquête ne servirait pas les intérêts de la justice.

La notion *d'intérêt de la justice* n'est pas claire et aucune précision n'est apportée dans le Statut à cet effet. Ce manque de clarté suscite des interprétations libres de cet article. Toutefois, l'interprétation de l'art 53 doit être faite en conformité avec les buts et les objectifs du Statut de Rome.

Les poursuites sont dirigées contre les individus bien déterminés à l'issue de l'enquête, et constituent l'acte d'ouverture d'une affaire. Les ressources limitées de la CPI ne permettent pas au Procureur de poursuivre tous les criminels. Il est opéré une double sélection : en premier lieu, le choix des personnes qui feront l'objet de poursuite et en deuxième lieu, le choix des crimes qui leur sont imputés, les crimes qui peuvent être poursuivis (compétence matérielle) et des crimes qui doivent être poursuivis (gravité des crimes). Le choix des affaires et celui des incriminations sont normalement soumis au contrôle juridictionnel de la chambre préliminaire.

Outre ces limites structurelles observées au niveau du BdP dans la gestion des situations, l'on pourrait relever des limites au niveau des compétences de la Cour Pénale Internationale.

SECTION 2 : LA COMPÉTENCE LIMITÉE DE LA CPI

Tant au niveau de la compétence matérielle que celui de la compétence temporelle et territoriale, la CPI souffre de limites qui ternissent l'image de cette Cour dont le rôle est de lutter contre l'impunité.

PARAGRAPHE 1 : UNE COMPÉTENCE LIMITÉE AU PLAN MATÉRIEL

Les limites proviennent des crimes tels que prévus par le Statut. À ceux-ci, il faudrait ajouter les crimes considérés comme graves et qui touchent l'humanité dans son ensemble, mais dont la Cour ne tient pas compte au chapitre de ses compétences matérielles.

1. Les limites des crimes prévus

Quatre crimes sont prévus par le Statut de Rome. L'analyse portera sur le crime de guerre et le crime d'agression à l'exception du crime contre l'humanité et du crime de génocide.

a) Les crimes de guerre

Le Statut de Rome porte en lui-même les germes qui pourraient l'empêcher de lutter efficacement contre l'impunité afin qu'advienne une humanité plus respectueuse des Droits humains, de l'exercice de la justice et de la recherche de la paix. En son article 124, le Statut permet aux États de soustraire leurs criminels de la compétence de la CPI notamment pour les crimes de guerre.

Cet article dispose : Nonobstant les dispositions de l'article 12 paragraphes 1 et 2, un Etat qui devient partie au Statut peut déclarer que, pour une période de sept ans à partir de l'entrée en vigueur du Statut à son égard, il n'accepte pas la compétence de la Cour en ce qui concerne la catégorie de crimes visée à l'article 8 lorsqu'il est allégué qu'un crime a été commis sur son territoire ou par ses ressortissants. Il peut à tout moment retirer cette déclaration.

Les crimes auxquels fait renvoi l'article 124 sont les crimes de guerre prévus à l'article 8 du Statut. Ainsi, un État qui refuse la compétence de la Cour pour les crimes de guerre soustrait ces infractions de sa compétence.

L'Etat ayant posé comme préalable l'article 124 dispose de trois alternatives au terme de la période mentionnée dans l'article 8; il peut, soit approuver le Statut dans son ensemble, soit se retirer du Statut conformément à l'article 127, soit essayer de prolonger le délai une fois les modifications devenues possibles et persuader les autres États parties d'amender cet article.

La prise en considération de cette condition n'exempte pas l'État en question de poursuites au plan national à l'égard des crimes de guerre. La FIDH considère que : *cet article n'a aucune justification morale et peut être décrit comme un permis de tuer*[170].

Par ailleurs, au plan légal, l'article 124 entre en conflit avec l'article 120 du Statut qui prévoit : *le présent Statut n'admet aucune réserve*. Il s'avère important de se pencher sur la définition des réserves.

Patrick Daillier et Alain Pellet définissent les réserves ; pour ceux-ci, en présence d'un traité, dont l'objet, le but et le contenu lui conviennent à l'exception de quelques-unes de ses dispositions, tout État intéressé peut s'abstenir de devenir partie ; ou bien, s'engager en déclarant en même temps soit qu'il exclut purement et simplement de son engagement ces dispositions qui ne rencontrent pas son agrément, soit qu'il entend leur prêter, en ce qui le concerne, une signification particulière et acceptable pour

[170] Rapport FIDH, Op. Cit.

lui. Si cet État opte pour cette deuxième attitude et fait une déclaration, on dit qu'il formule des réserves à ces dispositions[171] .

Également, l'article 2 paragraphe 1.d de la convention de Vienne sur le droit des traités les définit en ces termes : l'expression réserve s'entend d'une déclaration unilatérale, quel que soit son libellé ou sa désignation, faite par un État quand il signe, ratifie, accepte ou approuve un traité et y adhère, par laquelle il vise à exclure ou à modifier l'effet juridique de certaines dispositions du traité dans leur application à cet État.

Les dispositions de l'article 124 constituent donc de véritables réserves formulées à l'endroit du Statut.

La Coalition Mondiale pour la Cour Pénale Internationale (CICPI/ IC ICC) œuvre pour la disparition de cet article du Statut de Rome, car il contribue à limiter les actions de la CPI concernant ce crime et à perpétuer l'impunité. Cet article est de ce fait une entrave au bon fonctionnement de la justice internationale pénale et à l'avènement de la paix dans les sociétés post conflictuelles.

b) Les crimes d'agression

Les actes d'agression ont toujours été considérés comme des crimes. Maurice Kamto disait à ce propos : une idée reçue suggère que l'agression armée ne fut pas considérée contraire aux règles de Droit International jusqu'à ce que le recours à la force soit proscrit dans l'ordre international. La réalité parait beaucoup plus nuancée, car il semble que, même à une époque reculée où une certaine forme de guerre qualifiée de 'guerre juste' était admise, les monarques et les États, du moins ceux qui se considéraient comme 'civilisés', reconnaissaient que les

---

[171] P. Daillier et all Op. Cit.

guerres d'agression constituaient une violation du droit des nations[172].

Après l'inscription de l'agression, parmi les quatre (4) crimes justiciables devant la CPI, dans le Statut de Rome[173] et de longues discussions techniques et négociations politiques qui ont duré une dizaine d'années, les États ont enfin convenu d'une définition du crime d'agression. L'évènement a eu lieu le 11 juin 2010 à l'instant ultime de la première conférence de révision du Statut de la CPI qui s'est tenue dans la capitale ougandaise du 31 mai au 11 juin 2010. Ainsi, un article 8 bis définissant ce crime a été inséré dans le Statut.

Il est important de rappeler que la question de savoir s'il convenait d'inclure ou non le crime d'agression et, dans l'affirmative, le contenu à lui donner, était l'un des principaux différends à la conférence diplomatique de juillet 1998 qui a conduit à l'adoption du Statut de Rome de la CPI.

Les États n'ont pu convenir d'une définition du crime d'agression pour des raisons d'intérêts politiques et géostratégiques. Certains d'entre eux voulaient que seules les « *guerres d'agression* » soient mentionnées, l'Irak envahit le Koweït, État indépendant, qu'il considère comme une de ses provinces, tandis que d'autres voulaient appliquer ce qui est bien la notion plus large d'« *actes d'agression* » contenue dans la définition de l'Assemblée Générale de 1974 tel que l'intervention américaine en Libye.

Une question encore plus complexe était de savoir si la CPI devrait poursuivre les crimes d'agression uniquement lorsque le Conseil de Sécurité aurait constaté l'existence d'un acte d'agression commis par un État contre un autre.

---

[172] Maurice Kamto, *l'agression en Droit International*, Paris : Pedone, 2010.

[173] Article 5 du Statut de Rome.

Dans le compromis final, le crime d'agression a été inclus dans la liste des crimes relevant de la compétence de la Cour, mais la définition et les conditions de l'exercice de la compétence (y compris la question du rôle du Conseil de Sécurité) ont été reportées pour être soumises à l'examen de la première Conférence de révision devant se dérouler en 2010.

Ainsi, à Kampala, les États Parties au Statut de Rome ont-ils adopté par consensus ce nouvel article 8 bis contenant une définition du crime d'agression et de nouveaux articles 15 bis et 15 ter, contenant des dispositions complexes sur les conditions de l'exercice de la compétence. En particulier, le compromis a comporté une clause qui empêche la Cour d'exercer immédiatement sa compétence à l'égard du crime d'agression.

En effet, le paragraphe 3 de l'article 15 bis dispose que la Cour ne pourrait exercer sa compétence à l'égard de cette infraction qu'après 2017, c'est-à-dire après la deuxième conférence de révision. Ainsi, cette conférence devra prendre une décision pour entériner la compétence de la Cour à l'égard de ce chef d'accusation. Par ailleurs, le paragraphe 2 précise que ladite compétence ne sera effective qu'un an après le dépôt du trentième instrument de ratification.

Ces dispositions consacrent l'impunité en ce qui concerne le crime d'agression pour au moins une décennie encore.

L'impunité à laquelle la Cour prétend mettre fin reste plus un mythe qu'une réalité en ce qui concerne ce point spécifique.

Il faudrait ajouter à ces limites l'organe habilité à constater le crime d'agression ; le Conseil de Sécurité demeure le seul maître à bord pour cette constatation en vertu de l'article 39[174] de la charte des Nations Unies.

L'article 15 bis du Statut de Rome en son paragraphe 6 dispose en ce sens : lorsque le Procureur conclut qu'il y a une base raisonnable pour mener une enquête pour crime d'agression, il s'assure d'abord que le Conseil de Sécurité a constaté qu'un acte d'agression avait été commis par l'État en cause(…).

L'on n'est pas loin de l'empiètement du politique sur le juridique même si une atténuation est faite à ce principe. Celui-ci prévoit la possibilité pour le Procureur d'ouvrir une enquête pour crime d'agression si le Conseil de Sécurité ne fait pas ce constat pendant 6 mois. Le Procureur pourra alors avec l'accord de la chambre préliminaire débuter ses enquêtes.

Une fois de plus, cela pourrait provoquer le dépérissement des preuves du fait du temps qui est mis entre la commission de l'infraction, la non-constatation par le Conseil de Sécurité du crime, l'observation du délai de non-constatation et le début des enquêtes.

En sus de cela, le paragraphe 4 de l'article 15 bis anéantit toute possibilité de lutter efficacement contre ce crime en laissant la faculté aux Etats de refuser la compétence de la Cour en déposant auprès du greffe une déclaration. Une fois de plus, l'article 120 du Statut qui prévoit la non-admission de réserves est violé de façon flagrante. C'est à croire que le Statut de la Cour va vers une réinvention des règles du Droit International public en ce qui concerne le droit des traités.

---

[174] L'article 39 de la Charte des Nations Unies dispose : *le conseil de sécurité constate l'existence d'une menace contre la paix, d'une rupture de la paix ou d'un acte d'agression et fait des recommandations ou décide quelles mesures seront prises conformément aux article 41 et 42 pour maintenir ou rétablir la paix et la sécurité internationale.*

2. Des crimes non suffisamment pris en compte

La cour pénale n'est compétente que pour quatre chefs d'accusation, dont un reste pour le moment au stade théorique. La CPI a été créée avec pour idée maîtresse de lutter contre l'impunité en appliquant la Justice aux personnes qui se rendent coupables de violations graves des Droits humains.

Force est de constater que le champ matériel de cette Cour s'avère très étroit dans une société en proie à l'expansion multiforme de la criminalité. Des violations massives des Droits humains sont laissées pour compte ; nous nous appuierons sur deux catégories de crimes, parmi tant d'autres, pour étayer cette idée. Les crimes de terrorisme et les crimes contre l'environnement qui font partie des crimes de masse.

a) Les crimes de terrorisme

La convention pour la prévention et la répression du terrorisme, adoptée par la Société des Nations le 6 novembre 1937, fut la première tentative de codification d'une définition du terrorisme. La convention de 1937 définissait le terrorisme comme des *faits criminels dirigés contre un État et dont le but ou la nature est de provoquer la terreur chez des personnalités déterminées, des groupes de personnes ou dans le public*.

Toutefois, pendant longtemps, il n'existait pas une définition universelle du terrorisme. Il faut attendre 1997 et la convention sur la répression des attentats terroristes à l'explosif, puis en 1999, la convention sur la répression du financement du terrorisme pour qu'apparaissent au sein de la production normative des Nations Unies le terme de terrorisme. L'adoption d'une convention relative à la répression des actes de terrorisme nucléaire était une des propositions du rapport[175] du Secrétaire Général des Nations Unies pour lutter contre le terrorisme international. La deuxième proposition du Secrétaire Général tient en l'adoption d'une convention globale contre le terrorisme qui comporterait une définition universelle du terrorisme. Contrairement aux autres conventions, celle-ci devait comporter *une définition claire et universellement acceptée du terrorisme*[176].

Pour Marco Sassoli, la définition du terrorisme constitue la principale pierre d'achoppement de toute négociation interétatique des instruments de lutte contre le terrorisme. Les États tentent d'inclure dans cette définition les activités de leurs ennemis et d'y exclure leurs propres activités et celles de leurs alliés.

La communauté internationale a longtemps tergiversé sur une définition universelle du terrorisme. Ces atermoiements ont conduit la justice internationale pénale à ne pas tenir compte de ce crime grave et massif dans ses incriminations.

Pour Ghislain Doucet, en décidant d'exclure le terrorisme de la compétence de la Cour Pénale Internationale (CPI) au motif que cette infraction n'était pas définie, les États ont renoncé, au moins provisoirement, à l'instauration d'une réponse pénale universelle au terrorisme[177].

Pour répondre à ce vide laissé par la Cour, le Liban a essayé de trouver une solution pour lutter contre les crimes de terrorisme, exclusivement, en instituant le Tribunal

---

175 Rapport du Secrétaire Général intitulé *: dans une liberté plus grande : développement, sécurité et respect des Droits humains pour tous*, du 21 mars 2005.

176 Cf. Rapport du comité spécial créé par la Résolution 51/210 de l'Assemblée Générale en date du 17 décembre 1996, Supplément n°37 (A/59/37).

177 G. Doucet, victimes et terrorisme, revue internationale de droit pénal, 2005/3 (vol.76).

Spécial pour le Liban (TSL), juridiction *sui generis* (de par l'objet de sa création), hybride et mixte de par sa composition et de par le droit applicable. C'est dire l'acuité avec laquelle se pose ce problème. Ces mesures individuelles des États ne pourraient prospérer au vu des fonds colossaux à mobiliser pour faire face **aux** frais de fonctionnement d'un tribunal. Il aurait été plus judicieux de confier une telle tâche, à la CPI, juridiction supra étatique.

Toutefois, tous s'accordent sur l'ampleur du terrorisme, tant les actes qualifiés comme tels sont variés et récurrents. Le Centre national du contre-terrorisme du département d'État américain a recensé, dans le monde de nombreuses victimes d'actes de terrorisme[178].

On ne saurait passer sous silence l'attentat du 11 Septembre 2001, quadruple attentat lié à Al Qaida, faisant presque 3000 victimes sans oublier les nombreux dégâts matériels occasionnés. Ces chiffres démontrent l'ampleur du terrorisme.

Par ailleurs, c'est un crime qui menace la paix et la Sécurité internationale, rentrant dans la catégorie de ceux que reconnaît le préambule du Statut de Rome en son paragraphe 3. Il est donc difficilement concevable que ce crime ne soit pas mentionné dans le champ matériel de la compétence de la CPI garantissant par là l'absence de nombreux actes de terrorisme.

À tout le moins, ce crime jouit d'un tout petit périmètre sous le couvert des crimes de guerre, à travers l'application des normes du DIH. Toutefois, les actes de terrorismes commis en temps de paix risquent de rester

---

[178]En 2005, 11 023 actes de terrorisme faisant 74327 victimes. En 2007, 14435 actes de terrorisme faisant 71856 victimes. En 2008, 10999 actes de terrorisme faisant 58 142 victimes. En 2011, un centre de l'OTAN sur le terrorisme recense, via les sources publiques, 11 965 actes de terrorisme faisant 17 403 morts.

longtemps impunis tant que ce crime n'est pas intégré dans le Statut.

Il est louable que la justice pénale internationale ait eu enfin la hardiesse en 2016, soit quatorze ans après l'entrée en vigueur de la Cour et après des millions de pertes en vie humaine du fait d'actes de terrorismes, d'inculper un djihadiste malien, Ahmad Al Faqi Al Madhi, pour des actes qualifiés de crimes de guerre commis en 2012 à Tombouctou. Cette action à elle seule peut être qualifiée de *« goutte d'eau »* dans ce vaste océan de violations des droits humains qu'occasionnent les actes de terrorisme.

Il est souhaitable qu'aux prochaines conférences de révision, le terrorisme jouisse d'une prise en compte plus efficiente et d'une autonomie à part entière dans le cadre du Statut de Rome. Les États parties devraient s'y atteler.

b) Les crimes environnementaux

Le Statut de Rome ne prend pas en compte les dommages liés à la pollution de l'environnement. Une définition de l'environnement s'avère nécessaire.

L'Institut du Droit International définit, dans sa résolution du 4 septembre 1997, l'environnement comme englobant les ressources naturelles abiotiques, notamment l'air, l'eau, le sol, la faune et la flore ainsi que l'interaction entre ces mêmes facteurs. Il comprend aussi les aspects caractéristiques du paysage.

Dans l'affaire « *Gbabcikovo-Nagymaros* » opposant la Hongrie et la Slovaquie, la CIJ, dans son avis du 25 septembre 1997, définissait l'environnement en ces termes : *l'environnement n'est pas une abstraction, mais un espace où vivent les êtres humains et dont dépendent leur qualité de vie et leur santé y compris pour les générations à venir*[179].

[179] Cf. CIJ, avis consultatif relatif à la licéité de la menace de l'emploi d'armes nucléaires Rec. 1996.

La criminalité environnementale semble se répandre à l'échelle internationale. Certains auteurs appellent même à la reconnaissance d'un crime contre l'environnement : l'écocide. Pour Graziella Dode citant Laurent Neyret, *le terme d'écocide doit être réservé aux cas les plus graves d'atteintes à l'environnement, car il renvoie à l'homicide et au génocide*[180]. Ces infractions sont mentionnées dans le Statut de Rome comme violation grave.

On pourrait rappeler l'affaire Probo Koala en Côte d'Ivoire et son corollaire de victimes présentes et futures, ou encore l'affaire Chevron en Équateur. Pour Laurent Neyret, le crime d'écocide pourrait donner l'occasion d'étendre aux personnes morales la possibilité d'être poursuivies devant la CPI[181].

Cette idée figurait dans les travaux précurseurs du Statut de la CPI et plus particulièrement dans le projet de code de crime contre la paix et la sécurité de l'humanité.

En l'état actuel de la législation de la CPI, certains crimes contre l'environnement sont pris en compte dans le cadre des conflits armés, mais cela s'avère insuffisant, car de nombreux dommages à l'environnement et aux hommes qui y vivent sont commis en temps de paix.

Si tant est que la CPI recherche avant tout la paix par la justice, il faudrait mentionner que cette paix serait

---

[180] Graziella Dode, *l'écocide : la difficile reconnaissance des crimes environnementaux,* *https://www.actu-environnement.com/ae/news/ecocide-difficile-reconnaissance-crimes-environnementaux-18174.php4*

[181] Cette idée est soutenue par Mireille Delmas Marty, professeur de Droit, considérant que la soft law et la hard law doivent se combiner. Si la Responsabilité Sociale de l'Entreprise (RSE) est utile, elle ne sera efficace que si elle est entendue dans le sens de « *rendre des comptes* » et d'être sanctionné faute de l'avoir fait. Pour William Bourdon, avocat au barreau de Paris et président de l'association Sherpa, « *l'excellence environnementale suppose que la soft law se convertisse de gré ou de force en hard law* ».

aléatoire, car des crimes sont commis qui mettent à mal la stabilité internationale sans que la Cour puisse se saisir de ces affaires, alors que dans le paragraphe 1 de son préambule, elle se dit « *conscients que tous les peuples sont unis par des liens étroits et que leurs cultures forment un patrimoine commun, et (se montrent) soucieux du fait que cette mosaïque délicate puisse être brisée à tout moment* ».

En limitant son champ matériel, la CPI anéantit ses possibilités d'atteindre ses objectifs pourtant prônés dans son Statut à travers le préambule en son paragraphe 4 « *affirmant que les crimes les plus graves qui touchent l'ensemble de la communauté internationale ne sauraient rester impunis (...)* », en son paragraphe 5 « *déterminés à mettre un terme à l'impunité des auteurs de ces crimes et à concourir ainsi à la prévention de nouveaux crimes* », en son paragraphe 9 « *déterminés, à ces fins, et dans l'intérêt des générations présentes et futures, à créer une Cour Pénale Internationale permanente et indépendante (...) ayant compétence à l'égard des crimes les plus graves qui touchent l'ensemble de la communauté* ». Est-ce à dire que les crimes qui n'ont pas été pris en compte peuvent être considérés comme des crimes moins graves ? La question sur la détermination de la gravité se poserait à nouveau. La réponse à cette question serait négative ; pour s'en persuader, on pourrait consulter à cet effet les différents chiffres relatifs aux victimes des catastrophes de crimes environnementaux et celles découlant d'actes terroristes ou d'autres crimes massifs.

Ainsi, la Cour ne pourrait lutter contre l'impunité que dans trois domaines bien déterminés étant donné que le quatrième n'est pas encore entré en vigueur. La fin de l'impunité à laquelle elle fait référence ne serait donc qu'un leurre, une illusion.

La compétence temporelle et personnelle de la Cour se trouve également limitée par le dispositif du Statut de Rome.

PARAGRAPHE 2 : UNE COMPÉTENCE TEMPORELLE ET PERSONNELLE LIMITÉE

La compétence temporelle et personnelle de la CPI est limitée. Entre autres, elle ne prend pas en compte la responsabilité pénale des personnes morales et consacre l'impunité des crimes commis avant l'entrée en vigueur du Statut de Rome.

1. L'irresponsabilité pénale des personnes morales

Le Statut de Rome ne s'applique qu'aux personnes physiques à l'exception des personnes morales. Pourtant en Droit International, quelques précédents relèvent des condamnations d'organisations telles que le service de sûreté de Himmler (SD), la Gestapo, le corps des chefs du parti nazi. Ces exemples procèdent de l'expérience de Nuremberg.

Présentement, il est des doctrines qui confèrent « *une conscience* » aux personnes morales en soutenant la réalité de leur existence. Selon le professeur Jacques Leaute, l'âme et l'esprit d'une personne morale constituent une réalité. Il n'est pas possible de confondre à moins de rester aux temps anciens, les différentes personnes participant au conseil d'administration avec l'intention, la décision de la personne182.

---

[182] Jacques Leaute in « Le nouveau code pénal Français : Enjeux et perspectives » cité par L. Muta Luaba, traité des crimes internationaux, Kinshasa, ministère de la justice, 2005.

Le législateur international n'a pas adhéré à ce courant doctrinal parce qu`il limite dans le Statut de Rome la compétence de la CPI aux seules personnes physiques[183].

L'impossibilité d'arrêter ou de mettre en garde à vue une personne morale ne doit, toutefois, pas l'exempter de poursuites au plan pénal. Bien souvent, des personnes, sous le couvert de ces entités peuvent être commanditaires des crimes crapuleux de masse à travers le globe soit par le financement du matériel, de la logistique, de l'armement visant à la matérialisation des violations graves des droits et libertés fondamentaux de l'homme. Ainsi, ces entités pourraient-elles financer des crimes massifs sans être pour le moins inquiétées par des poursuites devant la CPI du fait même qu'elles jouissent de moyens financiers largement au-dessus des budgets des États. Dans le contexte des condamnations, ces moyens pourraient être une manne pour le fonds au profit des victimes pris sous l'angle de dommages et intérêts.

Les crimes commis avant l'entrée en vigueur du Statut de Rome jouissent également d'une impunité totale.

2. L'impunité consacrée des crimes commis avant l'entrée en vigueur du Statut de Rome

Partant du principe de la non-rétroactivité à l'égard des personnes, le Statut de Rome pose en son article 24 que « *nul n'est pénalement responsable en vertu du Présent Statut, pour un comportement antérieur à l'entrée en vigueur du présent Statut* ». Même si cette disposition est conforme aux principes du Droit pénal général, elle apparaît incohérente mise en rapport avec l'article 29 du Statut de Rome qui pose que « *les crimes relevant de la compétence de la Cour ne se prescrivent pas* ».

---

[183] Article 25 paragraphe 1 du Statut de Rome.

À tout le moins, l'imprescriptibilité à laquelle fait référence l'article 29 concernerait les crimes postérieurs à l'entrée en vigueur du Statut de la CPI. Cette imprescriptibilité est donc enfermée dans des limites temporelles. Ce qui a fait dire à J.P. Bazelaire et T. Crettin que *« les criminels de guerre ou contre l'humanité qui auront eu la chance, voire la prévoyance de commettre leurs méfaits ailleurs que sur le territoire de compétence des Tribunaux Pénaux Internationaux ad hoc avant l'entrée en vigueur de la CPI sont à l'abri des poursuites»*[184].

Ainsi, par cette délimitation temporelle, sont laissées pour compte les victimes des grandes tragédies de ce siècle.

Les espoirs de lutte contre l'impunité et de justice placée dans la CPI, juridiction permanente s'amenuisent et nous rejoignons J.P. Bazellaire et T. Crettin pour dire que *« la réponse fut celle de la permanence de la CPI dont on voit qu'elle n'est pas aussi permanente qu'attendue ».*

Une controverse doctrinale existe sur la question qu'il convient de rapporter. Pour Glaser, il aurait pu en être autrement. Il estime que le principe de la non-rétroactivité dont le corollaire est le principe de la légalité des délits et des peines n'est pas obligatoire en Droit International[185]. Il affirme dans le même article que *« ce principe a été développé sur la base du droit écrit (...). Or, le Droit International trouve sa source dans la coutume (...), car le droit conventionnel (...) fixe seulement un état de chose antérieure, il précise et complète une coutume internationale pré-existante »*[186]. Il conclut pour dire que

[184] J.P. Bazelaire et T. Crettin, *La justice pénale internationale*, Paris, P.U.F., 2000

[185] S. Glaser, le principe de la légalité des délits et des peines, revue de Droit pénal et criminel, 1947-1948.

[186] Idem.

dans le Droit International, il n'y a pas de place pour le principe « *Nullum crimen* »[187].

Donnedieu de Vabres, juge au Tribunal Militaire International de Nuremberg, pensait pour sa part que *« l'exclusion du principe de la légalité des rapports internationaux est d'emblée inadmissible, [toutefois il ne faudrait pas prétendre que] cette règle a une valeur absolue*[188] *»*.

Le tribunal de Nuremberg, quant à lui, a agi de façon rétroactive et a justifié cette rétroactivité. À titre illustratif, au sujet de crimes de guerre, il a considéré que le Statut est déclaratif d'un droit préexistant, et non déclarateur d'un droit nouveau, car ces crimes étaient déjà codifiés avant la création du tribunal.

Plus récemment, Jean-François Roulot affirmait dans son ouvrage que « *le Droit International autorise des aménagements au principe de la non-rétroactivité* [189]». Il justifie son argumentation par les articles 15 alinéa 2 du pacte relatif aux Droits humains et aux libertés fondamentales qui prévoient que si l'incrimination est conforme aux principes généraux du Droit reconnu par l'ensemble des nations, le principe de légalité n'est pas méconnu. En effet, les principes qui régissent les crimes qui relèvent de la compétence de la CPI *« résultent des traités régulièrement intégrés dans l'ordre juridique interne de beaucoup de pays »*. On pourrait citer à titre d'exemple, les conventions de Genève de 1949 et la convention de 1948 sur la répression des crimes de génocide qui donne des éléments suffisants en ce qui concerne les trois crimes, pour lesquels en l'état actuel, la

---

[187] Idem.

[188] Donnedieu De VABRES, le jugement de Nuremberg et le principe de la légalité des délits et des peines, revue de droit pénal et criminel, 1946-1947.

[189] J-F ROULOT, le crime contre l'humanité, Paris, l'harmattan 2002.

Cour a une compétence réelle, nous le disons en comparaison au crime d'agression.

Pour mieux lutter contre l'impunité et instaurer la paix par la justice, la CPI aurait pu ou aurait dû mentionner dans son Statut, tout comme le tribunal de Nuremberg et celui de Tokyo qu'elle avait une compétence rétroactive. Cela aurait permis de ne pas laisser impunis les crimes commis avant l'entrée en vigueur du Statut de Rome sur un territoire autre que ceux ayant bénéficié de la création de tribunaux internationaux et de tribunaux internationalisés.

En plus des limites structurelles, des limites opérationnelles peuvent être relevées.

Chapitre II
DES LIMITES OPÉRATIONNELLES

La CPI se voit limitée dans la mise en œuvre de sa mission qui est de réprimer les violations graves des Droits humains et du DIH. Même si les États ont renoncé à une partie de leur souveraineté en conférant à la Cour le pouvoir de juger leurs ressortissants, ceux-ci se montrent très peu coopératifs dans leurs relations avec elle, ce qui rend difficile, voire inefficace les actions entreprises par la CPI.

La juridiction est confrontée à des défis liés à la complémentarité et à des défis liés au dilemme entre justice et paix dans le cadre des processus de sortie de crise, ce d'autant plus que la plupart des violations se produisent pendant des périodes de conflits armés, ou des périodes de crises profondes.

SECTION 1 : LES DÉFIS DE LA COMPLÉMENTARITÉ

Le principe de complémentarité se trouve énoncé dans le préambule du Statut de la CPI[190] ainsi qu'à l'article 1[191] et 17 du Statut. F. Lattanzi estime que le principe de la primauté n'a jamais été envisagé au profit de la CPI[192].

---

[190] L'alinéa 10 du préambule de la CPI énonce : « *soulignant que la Cour Pénale Internationale est complémentaire des juridictions dont le Statut porte création est complémentaire des juridictions criminelles, nationales* ».

[191] L'article 1 du Statut de Rome prescrit : *« Il est créé une Cour Pénale Internationale (...), elle est complémentaire des juridictions pénales nationales »*.

[192] Flavia LATTANZI, « the complementary character of the jurisdiction of the court with respect to national juridictions » in C.

Selon Allain Pellet : « le Statut hésite » constamment entre la motivation « communautariste » qui l'inspire et les arrières-pensées « étatistes » qui n'ont jamais cessé de hanter nombre de participants à la conférence de Rome [193]». Les dispositions du Statut de Rome consacrant la complémentarité illustrent le souci de respecter la primauté de la répression étatique. La CPI est donc dotée d'une compétence subsidiaire et est limitée par la coopération des États.

PARAGRAPHE 1 : LA COMPÉTENCE SUBSIDIAIRE DE LA CPI

La CPI pourrait être limitée dans le déploiement de sa machine judiciaire puisqu'elle n'est qu'une juridiction d'exception et que les Etats, à travers leurs juridictions nationales jouissent du Statut de juridiction de principe.

1) Les juridictions nationales, juridiction de principe

Dès son préambule, la convention de Rome reconnaît un rôle premier à chaque État dans la répression des *« crimes d'une gravité tels qu'ils menacent la paix, la sécurité et le bien-être du monde »*. Il y est ainsi rappelé qu' *« il est du droit de chaque État de soumettre à sa juridiction criminelle les responsables de crimes internationaux »*. Dans le même esprit, le préambule du Statut souligne tout comme l'article premier que *« la Cour pénale internationale est complémentaire des juridictions nationales»*.

L'exercice de la justice est un attribut de la souveraineté de l'État. La souveraineté judiciaire de

Lattanzi edition, the international criminal court. Comments on the draft Statute editorial scientifica, Naples 1998.

[193] Allain Pellet ; pour la Cour Pénale Internationale, quand même ! in l'observateur des Nations Unies N°5, 1998.

chaque État induit l'obligation d'agir à l'encontre des auteurs de crimes impliquant sa compétence juridictionnelle. Un Etat faillirait, en s'abstenant d'agir pénalement à l'égard des auteurs de crimes d'une particulière gravité à l'encontre du DIH.

À côté des éléments constitutifs de l'État que sont la population, le territoire et le gouvernement, la souveraineté est l'élément qui distingue l'État d'autres collectivités autonomes pouvant revendiquer les caractéristiques précitées. En effet, l'Etat est la seule collectivité humaine présentant le caractère unique d'être souveraine.

La CPI ne va pas à l'encontre de ces règles et pratiques établies par le Droit International et prévoit le principe de la compétence de l'État pour connaître des infractions graves, répréhensibles au regard de son Statut. Elle consacre ce principe dès l'entame de son Statut en l'article 1 qui dispose : « *Il est créé une Cour Pénale Internationale (la cour) en tant qu'institution permanente, qui peut exercer sa compétence à l'égard des personnes pour les crimes les plus graves ayant une portée internationale (...). Elle est complémentaire des juridictions nationales* ».

L'Etat qui souhaiterait connaître lui-même des trois crimes entrant dans la compétence réelle de la CPI doit adopter une loi de mise en œuvre de sa législation nationale avec le Statut de Rome et s'assurer de la prise en compte de tous les éléments inscrit dans le Statut en termes de contenu des infractions.

Dans bien des cas, les crimes de guerre, crimes contre l'humanité ou crimes de génocide ne sont pas présents dans les législations nationales sous ces appellations ou les modalités d'incrimination fixées par la CPI. Autant la France que le Sénégal entre autres, après avoir ratifié le Statut de Rome ont adopté une loi de mise en œuvre pour conformer leur législation à celle du Statut. La Côte d'Ivoire a procédé à une révision de ses codes usuels après la ratification du Statut.

Amnesty International estime que sans une coopération pleine et entière des États, la Cour aura du mal à fonctionner efficacement ; sans enquête et poursuite, elle sera débordée. Les États doivent donc modifier leur législation nationale, soit en promulguant de nouveaux textes de loi, soit en amendant la législation existante de façon à remplir pleinement leurs obligations au terme du Statut de Rome [194]. Cela permettra aux États d'avoir la pleine souveraineté judiciaire pour connaître des infractions sanctionnées par la CPI. Dans le rapport précité, Amnesty International se dit préoccupée du fait que plus de huit ans après l'entrée en vigueur du Statut de Rome, moins d'un tiers des États ont promulgué une législation nationale qui incorpore à la fois la coopération et les obligations nouvelles découlant du Statut[195]. Ainsi, des infractions pourraient échapper au gouvernement, s'il décide d'utiliser la compétence de principe qui lui est accordée, si son cadre législatif n'est pas harmonisé avec le Statut.

Pour finir, la CPI ne peut se saisir d'une affaire que si l'État renonce à cette compétence qui lui est dévolue en principe de manière exclusive hormis les cas de saisine par le Conseil de Sécurité ou en cas de manque de volonté de la part de l'État en cause.

---

[194] Cour Pénale Internationale, fiche de suivi du Statut de Rome, Mai 2010 disponible sur le site www.amnesty.org.

[195] En 2010, date de publication du rapport, sur 111 Etats ayant ratifié le Statut de Rome, seulement 33 avaient promulgué une législation sur la complémentarité et la coopération, 11 avaient promulgué des textes portant sur la coopération uniquement, 12 avaient promulgué des textes portant sur la complémentarité uniquement et 55 n'avaient promulgué aucun texte. Source : idem.

La CPI apparaît donc comme une juridiction d'exception.

2. La CPI, juridiction d'exception

A contrario de la compétence primaire reconnue aux Etats en matière de justice, la CPI apparaît comme une cour d'exception. Elle a un rôle secondaire par rapport aux juridictions nationales dans la répression des crimes relevant de sa compétence. Le mode de constitution de la cour est la source de cette restriction. La Cour est instituée non pas par une résolution des Nations Unies comme ce fut le cas pour les TPI, mais par un traité.

Au plan coutumier, le traité se définit comme « tout accord conclu entre deux ou plusieurs sujets du Droit International, destiné à produire des effets de droit et régi par le Droit International [196]».

La convention de Vienne de 1969 sur le droit des traités pose le cadre normatif du traité.

Selon cette convention en son article 2.1.a., « l'expression traité s'entend d'un accord international *conclu par écrit entre États et régi par le Droit International, qu'il soit consigné dans un instrument unique ou dans deux ou plusieurs instruments connexes, et quelle que soit sa dénomination particulière* ». La définition donnée par la convention de Vienne a l'avantage de préciser les éléments présents dans la définition coutumière et de les approfondir.

Une fois négocié, le traité est signé par le plénipotentiaire puis ratifié par l'État. La ratification permet à l'autorité investie du « *treaty making power* » d'en vérifier le texte avant de s'engager définitivement. Ainsi, plusieurs institutions à divers stades examinent le texte selon les prévisions législatives de chaque pays.

---

[196] Patrick DALLIER et all Op. Cit.

En Côte d'Ivoire, l'autorité investie pour ratifier le traité est le Président de la République. La lecture combinée de plusieurs articles de la Constitution permet de retracer la procédure de ratification ainsi que les différentes structures qui interviennent. En effet, l'article 84 de la Constitution ivoirienne prévoit à cet effet : *« le Président de la République négocie et ratifie les traités et les accords internationaux »* ;

L'article 77 du même texte dispose: *« Les lois peuvent avant leur promulgation, être déférées au Conseil constitutionnel par le Président de l'Assemblée Nationale ou par un dixième au moins des députés ou par les groupes parlementaires. Les associations de défense des droits de l'homme légalement constituées peuvent également déférer au Conseil constitutionnel les lois relatives aux libertés publiques (...)».*

L'article 95 de la Constitution ivoirienne dispose également « *les engagements internationaux visés à l'article 84 avant leur ratification (...) doivent être déférés par le Président de la République ou par le Président de l'Assemblée Nationale au Conseil Constitutionnel qui se prononce sur leur conformité à la constitution.* »

La Côte d'Ivoire a signé le Statut de Rome en 1998. Avant cette ratification, le chef de l'État a déféré au Conseil Constitutionnel le Statut pour un avis en vertu de l'article 95 de la Constitution ivoirienne. Le Conseil a émis un avis[197] défavorable estimant que le Statut de Rome était non conforme à la constitution et qu'il fallait préalablement le modifier avant toute ratification. Le 13 décembre 2012, l'Assemblée Nationale adopta une loi pour insérer un article 85 bis relatif à la CPI. Le Statut de Rome fut ratifié par la Côte d'Ivoire le 15 février 2013 faisant de ce pays le 122e État partie à la CPI.

---

[197] Avis N°002/CC/SG/ du Conseil constitutionnel de la Côte d'ivoire du 17 décembre 2003.

Le traité est donc l'expression souveraine de la volonté de l'État. Une fois ratifié, il impose des obligations aux parties en vertu du principe « *pacta sund servanda* ».

Les États ont donc décidé au cours de la rédaction du Statut de Rome de préserver leur souveraineté et en particulier leur responsabilité première de réprimer les crimes commis sur leur territoire relevant de la compétence de la Cour.

Ainsi, la CPI ne sera-t-elle compétente que dans deux cas :

a) .En cas de renoncement de l'État concerné

L'article 14 du Statut de Rome prévoit que « 1. Tout État partie peut déférer une situation dans laquelle un ou plusieurs des crimes relevant de la compétence de la Cour paraissent avoir été commis, et prier le Procureur d'enquêter sur cette situation en vue de déterminer si une ou plusieurs personnes identifiées devraient être accusées de ces crimes ».

En vertu de l'article 17 du Statut, la Cour ne pourrait être saisie d'une affaire que s'il s'avère qu'un État, compétent en l'espèce, n'a pas eu la volonté ou a été dans l'incapacité de mener véritablement à bien l'enquête ou les poursuites. Pour étayer son appréciation sur le manque de volonté de l'État, la Cour vérifiera :

♦ Si la procédure engagée par l'État concerné l'a été dans le but de " *soustraire la personne incriminée à sa responsabilité pénale (...)* ",

♦ Si cette procédure a subi un " *retard injustifié* " qui " *dément l'intention de traduire en justice la personne concernée* ".

Ainsi, lorsque l'État n'a pas la capacité ou la volonté de réprimer les crimes relevant de la compétence de la cour, celle-ci peut déclarer l'affaire recevable.

La FIDH expose les critères, déterminant le manque de volonté. Ce sont l'engagement d'une procédure mise en œuvre dans le dessein de soustraire la personne concernée à sa responsabilité pénale ; le retard injustifié incompatible avec l'intention de traduire en justice la personne concernée ou le fait que la procédure soit menée de manière non indépendante ni impartiale, incompatible avec l'intention de traduire en justice la personne concernée[198].

Quant aux critères déterminant l'incapacité, ils sont relatifs à l'effondrement de la totalité ou d'une partie substantielle de l'appareil judiciaire de l'État concerné ou l'indisponibilité de celui-ci rendant impossible l'appréhension de l'accusé, la récolte d'éléments de preuve ou affectant autrement le déroulement de la procédure[199].

De fait, comment attendre de certains pays, devenus le théâtre d'affrontements armés particulièrement violents, sur le territoire desquels seraient commis les crimes les plus graves et dont la structure étatique aurait été ruinée, qu'ils engagent des procès mettant en cause des éléments de telle ou telle faction en conflit ?

Des Etats en déliquescence pourraient donc voir, en transférer leurs compétences judiciaires vers la CPI pour juger des crimes relevant de sa compétence.

Par le renvoi volontaire, l'État renonce à sa compétence judiciaire. La CPI acquiert toute sa compétence.

---

[198] FIDH, les premières années de la CPI op. cit.
[199] Idem.

b) En cas de non-renoncement

En cas de non-renoncement, l'Etat a l'obligation de poursuivre les crimes identifiés comme tels et entrant dans le champ de compétence de la Cour.

Il ne suffit pas qu'un État déclare qu'une procédure a été engagée au niveau interne pour empêcher la Cour de poursuivre de telles infractions. La CPI se voit reconnaître un droit de regard sur l'efficacité des procédures internes. Ce qui permettrait de pallier les insuffisances des cadres législatifs nationaux en ce qui concerne les crimes, dont la Cour a la compétence.

Au niveau des procédures internes aux États, il faudrait souligner qu'une amnistie octroyée par un État, ayant adhéré à la convention de Rome, à des actes relevant de la compétence de la Cour, entraînerait immédiatement la compétence de la Cour. Pour A. Dulait, « *La Cour ne doit pas être paralysée par la mauvaise volonté délibérée d'un État partie, qui chercherait à soustraire un de ses ressortissants, auteur de crimes entrant dans la compétence de la Cour, des poursuites qui devraient d'abord être engagées contre lui par son propre appareil judiciaire*[200]».

Ainsi, même en cas de non-renoncement, la Cour, juridiction d'exception peut se révéler compétente.

Comment comprendre la coopération ?

PARAGRAPHE 2 : LA COOPÉRATION DES ÉTATS

La coopération des États à la mise en œuvre de la justice internationale pénale par la CPI est rendue obligatoire par les textes. Toutefois, cette coopération apparait limitée dans la pratique.

---

[200]Dulait André, la Cour Pénale Internationale, Rapport d'information 313 (98-99) commission des affaires étrangères.

1. Une coopération obligatoire au regard des textes

L'ex-Procureur de la CPI Luis Moreno **Ocampo** dans une interview accordée au New York Times affirmait : « *Je suis un Procureur sans État ; j'en ai une centaine sous ma juridiction et je ne dispose d'aucun policier* [201]».

Ces propos rendent compte de l'obligation de coopération des États pour la mise en œuvre de la compétence de la CPI. Cette coopération s'avère indispensable, c'est pourquoi la CPI y consacre un chapitre entier, le chapitre IX du Statut de Rome.

En son article 86, intitulé obligation générale de coopérer, le Statut prévoit : « conformément aux dispositions du présent Statut, les États parties coopèrent pleinement avec la Cour dans les enquêtes et poursuites qu'elle mène pour les crimes relevant de sa compétence ». Cela induit une obligation pour les États parties, d'adapter leur législation nationale afin de pouvoir répondre aux demandes de coopération formulées par la Cour. Le Statut prévoit en son article 88[202], l'incrimination et l'imprescriptibilité des crimes relevant de la compétence de la Cour.

Les formes de coopération sont variées et multiformes. Les demandes de coopération peuvent viser l'arrestation et la remise de personnes, ou encore l'autorisation de transit sur leur territoire d'une personne transférée à la Cour. Ces demandes peuvent également être liées aux enquêtes et aux poursuites menées par la Cour et concerner l'identification d'une personne, le rassemblement de preuves ou l'interrogatoire de personnes poursuivies, le

---

[201] Interview accordée au New York times le 2 avril 2006.

[202] L'article 88 du Statut de Rome dispose : « les Etats parties veillent à prévoir dans leur législation nationale les procédures qui permettent la réalisation de toutes les formes de coopérations visées dans le présent chapitre. »

transfèrement temporaire d'un détenu pour recueillir son témoignage.

Conformément à l'article 93 du Statut de Rome, la coopération dont il est question dans le chapitre IX n'est pas à sens unique. La Cour pourra aider en ce sens un État ayant entrepris des poursuites contre des personnes s'étant rendues coupables de comportements répréhensibles au regard du Statut de Rome. Elle peut également accorder son assistance à un État non partie au Statut, article 93 paragraphe 10 alinéa c.

L'obligation de coopérer à la charge des États parties est étendue dans une certaine mesure aux États tiers, Karin N. Calvo-Goller soutient que « *la coopération des États tiers est fondée sur leur consentement explicite d'accepter la compétence de la Cour exprimée par la voie d'un accord spécifique. Toutefois, des États tiers peuvent être requis à coopérer suite à une résolution adoptée par le Conseil de Sécurité déférant une situation à la Cour* ».

Cette situation est rendue possible par le fait que la Cour acquiert une compétence universelle lorsqu'elle est saisie par le Conseil de Sécurité.

La coopération quoique abondamment codifiée est limitée dans la pratique.

2. Une coopération limitée dans la pratique

L'efficacité de la CPI repose en grande partie sur la bonne volonté des États à coopérer avec celle-ci.

L'article 13 permet aux États de déférer une affaire devant la CPI. Dans un tel cas, le principe de complémentarité voudrait que les organes judiciaires de l'État puissent conduire des poursuites en vue de rechercher et de juger les responsables des crimes internationaux ou de les extrader vers un État qui s'estimerait compétent pour de telles actions, ou encore de les déférer devant la CPI.

L'article 14 recouvre deux réalités. Dans un premier temps, un État partie peut déférer au Procureur une situation survenue sur son propre territoire. Ce fut le cas pour l'Ouganda, la RDC et la RCA qui ont saisi, de leur propre chef le Procureur de la CPI pour les crimes commis sur leur territoire.

Dans un deuxième temps, un Etat peut déférer au Procureur une situation survenue sur le territoire d'un État tiers si le national d'un État partie a commis un des crimes visés à l'article 5 sur le territoire d'un État non partie.

Si pour la première hypothèse la coopération va de soi, ce n'est pas le cas dans le deuxième cas. En effet, l'État tiers n'a pas en principe, d'obligation de coopération avec la CPI.

La saisine de la CPI par le Procureur agissant proprio motu ou par le Conseil de Sécurité est de nature à entrainer des frustrations pour les chefs des États concernés. En effet, l'auto saisine du Procureur à un caractère supplétif et la saisine par le Conseil de Sécurité a un caractère contraignant. Qui plus est, le Conseil de Sécurité peut saisir la cour à l'égard d'un État non partie au Statut de Rome. C'est une prérogative exorbitante de droit qui va à l'encontre du principe de l'effet relatif des traités.

Le principe « *pacta sund servanda* » introduit l'effet relatif des traités dans le commerce international. Cela est reconnu par la jurisprudence internationale et la pratique des États. À titre illustratif, nous pourrons citer *l'arrêt de la CPJI relatif à certains intérêts allemands en Haute Silésie polonaise*. Dans cet arrêt, la Cour déclarait : « *un traité ne fait droit qu'entre États qui y sont parties*[203] ». Ce principe est confirmé par la CIJ dans un arrêt de 1955. Dans cet arrêt relatif à l'affaire de l'incident aérien entre

[203] CPJI, affaire relative à certains intérêts allemands en Haute Silésie polonaise, arrêt N°7 du 25 mai 1926, série A.

Israël et la Bulgarie, la CIJ constate que l'article 26 paragraphe 5 de son Statut ne possède aucune force de droit pour les États non signataires[204]. La pratique des États est également constante sur la question[205].

La convention de Vienne sur le Droit des traités a codifié cette coutume en son article 34 en ces termes : « *un traité ne crée ni obligations ni droits pour un État tiers sans son consentement*». C'est la traduction du principe « *pacta tertiis nec nocent nec prosunt* ».

Toutefois, il subsiste quelques dérogations à ce principe abondamment proclamé. Ainsi, il existerait des traités créant des obligations à la charge des États tiers et d'autres traités créant des droits au profit d'un État tiers.

Les traités créant des obligations à l'égard des États tiers découlent de l'article 35 de la convention de Vienne. Des conditions de forme sont prescrites pour la validité de tels traités. Quant aux traités créant des droits au profit des États tiers, ils sont de 2 types : la clause de la nation la plus favorisée[206] et la stipulation pour autrui[207].

---

[204] CIJ, affaire de l'incident aérien du 27 juillet 1955, rec. 1959.

[205] la pratique des Etats dans ce domaine est illustrée par de nombreuses correspondances diplomatiques et déclarations ; Pour exemple le 5 février1945, au lendemain de l'ouverture de la conférence de Crimée qui devait aboutir aux accords de Yalta, le Général de Gaulle, en sa qualité de chef du gouvernement provisoire de la République française, déclarait dans un discours radiodiffusé « *quant au règlement de la paix future ou à toute autre disposition qui s'y rapporterait, nous avons fait connaitre à nos alliés et nous avons dit publiquement que la France ne serait engagé par absolument rien qu'elle n'aurait été à même de discuter et d'approuver au même titre que les autres* ». Source : ouvrage de Droit International public, Patrick DAILLER et all. Op. Cit. P.57.

[206] La clause de la nation la plus favorisée suppose que deux Etats A et B concluent entre eux un traité, relatif à une matière spécifique, dans lequel ils introduisent une clause qui stipule qu'avec ou sans condition et avec ou sans réciprocité, l'un d'eux bénéficiera de tout accord plus favorable que l'autre pourrait ultérieurement concéder à un Etat C. en conséquence, si ce traité A-C est conclu dans lequel A (Etat

À côté des traités applicables aux États tiers avec leur consentement, il existe également des traités applicables aux États tiers sans leur consentement. C'est le cas des régimes conventionnels opposables *erga omnes*. Dans ces régimes, la souveraineté des États est battue en brèche et on peut dire avec Patrick Dailler et all. que « *le juriste ne peut que constater le passage au super étatisme même s'il n'est qu'implicite, empirique et fragmentaire*». Ils continuent pour dire qu'*en ce qui concerne les dispositions de la charte des Nations Unies, il parait plus prudent de déduire leur caractère obligatoire à l'égard des États non membres du fait qu'elles sont aujourd'hui devenues des normes coutumières* et cela eu égard au fait que, tout comme pour les régimes conventionnels *erga omnes,* la convention de Vienne n'avait pas totalement résolu le problème pour les normes *de jus cogens* d'origines conventionnelles[208].

Mis en rapport avec la saisine de la CPI par le Conseil de Sécurité à propos d'États non parties au Statut de

---

concédant) accorde à C des avantages supérieurs à ceux accordés à B dans le traité qui les lie, ce nouveau traité bénéficiera automatiquement à B (Etat bénéficiaire) bien qu'il soit tiers par rapport au contrat A-C et ceux, en vertu de la clause contenue dans le contrat A-B. Source : Patrick DAILLIER et all Op. Cit. P.57.

[207] La stipulation pour autrui est une technique du droit contractuel interne par laquelle les parties à une convention énoncent une promesse dont le bénéficiaire est un tiers. Dans un arrêt de la CPJI opposant la France à la Suisse relatif aux zones franches, la Cour subordonne la validité de la stipulation pour autrui au consentement de l'Etat tiers. La convention de Vienne confirme la solution de cet arrêt en son article 36 qui stipule : « *un droit nait pour un Etat tiers d'une disposition du traité si les Etats parties à ce traité entendent, par cette disposition, conférer ce droit soit à l'Etat tiers ou à un groupe d'Etats auquel il appartient, soit à tous les Etats, et si l'Etat tiers y consent. Le consentement est présumé tant qu'il n'ya pas d'indication contraire, à moins que le traité n'en dispose autrement*». Idem.

[208] Idem

Rome, on pourrait affirmer que la compétence de la Cour s'appliquerait aux États non parties sur la base de règles coutumières (pratiques non écrites).

Ainsi, le caractère contraignant de la saisine par le Conseil de Sécurité est-il plus frustrant pour les États en ce qu'elle entame la volonté de l'État tiers impliqué, ce d'autant plus qu'aucun État souverain n'apprécie guère d'agir par contrainte ou sous une pression venant d'un autre État ou d'un organisme supra-étatique. Dans ce cas de figure, l'État tiers coopérera difficilement avec la CPI. Le cas du Soudan dont la situation a été déférée par le Conseil de Sécurité en est une illustration.

Dans l'affaire le Procureur c. Al Bashir[209], plusieurs demandes de coopération sollicitant l'arrestation et la remise d'Al Bashir ont été émises par la chambre préliminaire[210]. Le suspect n'a été ni appréhendé ni remis à la Cour et celle-ci n'a jamais obtenu d'autorisation pour aller enquêter sur les violations alléguées. Ces crimes risquent de rester impunis si leurs auteurs se maintiennent au pouvoir et sont de surcroit protégés par d'autres États ainsi que des organisations sous-régionales et/ou régionales.

Dans l'affaire le Procureur c. Simone Gbagbo, plusieurs décisions ont été rendues par la Cour demandant à la Côte d'Ivoire de transférer le présumé auteur

---

[209] Des mandats d'arrêts ont été délivrés par la chambre préliminaire contre Al Bashir le 4 mars 2009 et le 12 juillet 2010 pour crime contre l'humanité, crime de guerre et crimes de génocide.

[210] Voir en ce sens les décisions, Affaire n°ICC-02/05-01/09 deuxième décision relative à la requête de l'accusation aux fins de délivrance d'un mandat d'arrêt, 12 juillet 2010 P.31, Affaire n° ICC-02/05-01/09 decision requesting observations from the republic of Kenya, 25 octobre 2010, Affaire n°ICC-02/05-01/09 demande de coopérations et d'informations adressée à la République Centrafricaine, 1er décembre 2010, Affaire n°ICC-02/05-01/09 décision requesting observations about Omar Al-Bashir's recent visit to Malawi, 19 octobre 2011.

puisqu'elle peut répondre des allégations de violations portées contre elle devant la Cour. Elle se serait rendue coupable de crimes contre l'humanité ayant pris la forme de meurtres, de viols, et d'autres formes de violences sexuelles, d'actes inhumains et d'actes de persécution, commis sur le territoire de la Côte d'Ivoire entre le 16 décembre 2010 et le 12 avril 2011. La Côte d'Ivoire à ce jour n'a pas obtempéré arguant que Simone Gbagbo était poursuivie en Côte d'Ivoire pour les mêmes chefs d'accusations et bien d'autres. Le Gouvernement ivoirien a signifié par ailleurs, par la voix de son Président de la République, qu'il n'enverrait plus d'Ivoirien devant la Cour et que ce pays était à même de connaître des infractions entrant dans le champ de compétence matérielle de la Cour.

La CPI se trouve handicapée parce que confrontée au refus des États de coopérer, et ne dispose que de peu de moyens de coercition. Ces moyens se résument pour la plupart en termes de pression diplomatique comme force de dissuasion. Il est sans rappeler que l'efficacité de cette option s'est révélée limitée parce que, si certains États peuvent manifester de l'hostilité envers les régimes qui protègent les criminels, certains autres se montrent plus tolérants. En ce qui concerne la CPI, les États Unis, super puissance, pourraient être au côté de ces derniers. Ainsi, la pression d'États moins puissants n'aura pas autant de poids qu'elle en aurait eu avec le concours des États Unis.

Les conséquences de l'absence de coopération peuvent être également abordées sous deux angles.

D'une part, si l'État qui refuse de coopérer est un État partie au Traité de Rome, la CPI peut dénoncer un tel comportement à l'Assemblée des États parties, ou si c'est le Conseil de Sécurité qui a saisi la Cour, celle-ci doit alors l'informer.

Ensuite, si l'État qui a refusé de coopérer a signé un accord avec la Cour, dans ce cas, la Cour informe l'Assemblée des États parties ou le Conseil de Sécurité des Nations Unies, suivant l'organe qui l'a saisie. « *Le Statut ne contient pas de disposition quant aux mesures pouvant être prises à l'égard de l'État qui a manqué à ses obligations de coopération, lorsqu'une décision de la Cour défère une situation de non-coopération au Conseil de Sécurité, et à l'Assemblée des États parties*[211] ». À l'égard de Djibouti par exemple, les membres du bureau des États parties se sont contentés d'exprimer leur déception que ce pays convie et reçoive le Président soudanais Al Bashir[212].

On peut également se demander ce qui peut arriver dans le cas où l'État tiers ne serait obligé par aucun lien conventionnel à coopérer avec la Cour. Normalement, en vertu des principes généraux du droit, tel que « *Pacta tertiis nec nocent nec prosunt* », tout État tiers est exempt de l'obligation de coopérer avec la Cour. Néanmoins, deux éléments nous suggèrent qu'à des conditions spécifiques, même les États non parties n'ayant signé aucun accord de coopération avec la CPI sont, quand même, obligés à le faire.

Référons-nous spécialement, d'une part, aux modes de saisine de la Cour ; d'autre part, à la nature des crimes dont la CPI est compétente aux termes de l'article 5 de son Statut.

Au regard du premier point, si le Conseil de Sécurité saisit la Cour d'une situation donnée en vertu du Chapitre VII de la Charte des Nations Unies, c'est-à-dire une

---

[211] Calvin N. Calvo-GOLLER, op Cit.

[212] Voir Assemblée des Etats parties, décision du bureau 7, 7 juin 2011, P. 3-4. Au sujet de la visite du suspect au Tchad et au Kenya, voir aussi Assemblée des Etats parties, décision du bureau (1), 11 janvier 2011.

situation pouvant être qualifiée de menace contre la paix et à la sécurité internationale (article 13 b), il est pertinemment clair que tout État-membre des Nations Unies - et non nécessairement partie au Statut de Rome est soumis à l'obligation de coopérer.

Dans ce cas, la Résolution du Conseil de Sécurité par laquelle une situation a été transmise à la CPI est sensée constituer la source ou le fondement de l'obligation de coopération pour tout État-membre des Nations Unies; exactement comme il en était question lors de l'adoption des résolutions ayant établi le TPIY et le TPIR. C'est en ces termes que le premier élargissement de l'obligation de coopération aux États tiers peut être obtenu.

En second lieu, si nous considérons la nature des crimes rentrant dans le champ de compétence de la CPI notamment le crime de Génocide, les Crimes contre l'Humanité et les crimes de guerre, il y a bien lieu de trouver un deuxième argument de l'élargissement.

Les crimes de guerre, par exemple, ont obtenu l'accord de tous les États-parties aux quatre Conventions de Genève de 1949 de les respecter et d'en assurer le respect pour les raisons du DIH. Et ce, en vertu de l'article 1 commun aux quatre conventions de Genève.

Il n'est pas besoin de rappeler que la CIJ considère l'obligation de respecter et de faire respecter une règle du DIH comme une obligation du Droit International général[213].

En vue de respecter et de faire respecter une règle de Droit International humanitaire, tous les États-parties aux Conventions de Genève (qui ne doivent pas être nécessairement partie au traité de Rome) doivent être prêts à coopérer, conformément à l'article 88, §1 du Ier Protocole

---

[213] Voir en ce sens la décision de la CIJ sur «*affaire des activités militaires et paramilitaires au Paraguay*» disponible sur le site www.icj-cij.org.

Additionnel de 1977 selon lequel « *Les Hautes Parties contractantes et les Parties au conflit doivent charger les commandants militaires, en ce qui concerne les membres des forces armées placés sous leur commandement et les autres personnes sous leur autorité, d'empêcher que soient commises des infractions aux Conventions et au présent Protocole et, au besoin, de les réprimer et de les dénoncer aux autorités compétentes.* »

Ainsi, la nature des crimes à poursuivre devant la CPI nous conduit à croire que tous les États parties aux Conventions de Genève de 1949 et au Protocole Additionnel I de 1977, même s'ils ne sont pas partis au Traité de Rome, ont l'obligation de coopérer dans la répression de ces crimes. C'est sans doute en se basant sur un tel argument que le Procureur de la CPI a envoyé une lettre à la République du Rwanda afin de lui demander des *informations* en rapport avec ce qui s'était passé en Ituri, dans le Nord-est de la République Démocratique du Congo.

C'est dans cet esprit que le comportement des États qui ne se conformeraient pas à l'obligation de coopérer avec la CPI peut être sanctionné aussi bien par les autres États que par le Conseil de Sécurité des Nations Unies.

En définitive, l'obligation de coopérer même à l'égard des États tiers, qui n'ont signé aucun accord de coopération avec la CPI devrait être déduite d'autres instruments internationaux différents du Statut de Rome. Et de cette façon, les lacunes du Statut de Rome, en ce qui concerne l'obligation de coopérer, pourraient facilement être comblées.

Il est important de relever qu'il existe quelques exceptions à l'obligation de coopérer avec la Cour. C'est le cas lorsque la production d'un document ou d'un élément de preuve concerne la sécurité nationale, lorsqu'il existe des obligations conventionnelles entre l'État requis et un État tiers et lorsque l'exécution de la demande de coopération viendrait en violation des obligations préexistantes envers des États tiers. En pareil cas, l'État est tenu de consulter la Cour.

Les poursuites étant menées à la suite de situation de crise, il va sans dire que la CPI est confrontée aux défis relatifs au dilemme entre justice et paix dans les sociétés post-conflictuelles.

SECTION 2 : LES DÉFIS DE LA JUSTICE ET DE LA PAIX

La Cour Pénale Internationale a été créée pour instaurer la paix par le biais de la justice dans les sociétés sortant de conflits, de crises graves caractérisées par les violations massives des droits de l'homme. Mais, comme précisées à l'entame de cet ouvrage, les interactions entre paix et justice ne sont pas toujours aisées et dépendent des contextes dans lesquelles des mandats d'arrêt sont décernés contre d'éventuels coupables.

La conciliation de ces deux notions constitue un défi pour la Cour. D'un côté, la CPI est confrontée à des critiques de plus en plus hostiles provenant des États africains sur les critères de prise en considération des situations. De l'autre, la Cour est confrontée à la plus grande puissance au monde, les États-Unis d'Amérique, qui ont œuvré à la création puis se sont montrés hostiles aux actions de la Cour, bien qu'ayant signé le traité de Rome avant de retirer leur signature, ils ont toujours essayé de prendre des mesures conservatoires pour dérober leurs ressortissants à la compétence de la Cour par tous les moyens.

PARAGRAPHE 1 : L'ATTITUDE DES ÉTATS AFRICAINS FACE A LA CPI, UNE RÉTICENCE ?

Depuis sa création en 2002, la CPI est devenue une partie intégrante des relations politiques internationales et des systèmes de justice, de lutte contre l'impunité.

À ce jour 123 États ont ratifié le Statut de Rome. Toutefois, le constat est que la majorité des affaires devant la Cour sont celles de pays Africains. Partant de ce constat, de vives critiques s'élèvent pour condamner cet état de fait considérant la Cour comme un organe judiciaire créé uniquement pour connaître de situations conflictuelles en Afrique, ce qui est perçu par les États africains comme un obstacle à la paix et à la réconciliation, et comme une juridiction créée uniquement contre les États africains.

1. Le refus de coopération de certains États au nom des impératifs de paix et de réconciliation

De nombreux commentateurs ont déclaré que leur plus grande inquiétude à l'égard de la CPI est qu'elle pourrait devenir un obstacle à la réconciliation et à la résolution des conflits.

L'Union Africaine[214], dans une résolution de 2011, se disait préoccupée par la manière dont le Procureur de la CPI gère la situation en Libye, note que le mandat d'arrêt publié par la chambre préliminaire contre le colonel Kadhafi complique sérieusement les efforts visant à trouver une solution politique négociée à la crise en Libye, et à traiter les questions d'impunité et de réconciliation de manière à prendre en compte l'intérêt mutuel des parties concernées. À cet égard, recommande aux États membres

---

214 Extrait de la *résolution de l'Union Africaine* para. 6., *décision sur la mise en œuvre des décisions de la conférence relatives à la Cour Pénale Internationale* , 1er juillet 2011

de ne pas coopérer à l'exécution du mandat d'arrêt et demande au Conseil de Sécurité de mettre en œuvre les dispositions de l'article 16 du Statut de Rome en vue d'annuler le processus de la CPI sur la Libye dans l'intérêt de la justice ainsi que de la paix dans ce pays.

Le concept de réconciliation auquel fait référence l'UA a fini par s'imposer dans le commerce international suite à la multiplication des conflits armés non internationaux. Ce sont des conflits qui opposent des populations à l'intérieur d'un même espace géographique, une population située sur un même territoire, au sens juridique et sociologique, sur un État. La modification de la nature de ces conflits a eu une influence significative sur le choix de la justice transitionnelle comme moyen de sortir un pays de la spirale de conflits.

L'ancien Secrétaire Général Kofi Annan dans un rapport des Nations Unies affirmait : « *il ressort clairement de notre expérience qu'il n'est possible de consolider la paix dans la période (post conflit) et de la préserver durablement que si la population est assurée d'obtenir réparation à travers un système légitime de règlement des différends et l'administration équitable de la justice*[215] ».

Le Secrétaire Général présentait ainsi la justice transitionnelle avec pour corollaire les commissions-vérité et réconciliation.

Olivier de Frouville estime qu' on pourrait interpréter la thématique de la lutte contre l'impunité comme mettant l'accent sur la nécessité d'assurer la répression des

---

[215] Rapport du Secrétaire Général des Nations Unies devant le conseil de sécurité « rétablissement de l'Etat de droit et administration de la justice pendant la période de transition dans les sociétés en proie à un conflit ou sortant d'un conflit ». Doc. S/2004/616, 23 août 2004, paragraphe 8 Conseil de Sécurité des Nations Unies disponible sur le site www.ipu.org/splz-f/unga07/law.pdf.

responsables, tandis que celle de la justice transitionnelle se donnerait pour objectif prioritaire d'assurer une transition pacifique, quitte à abandonner la justice pénale en route pour favoriser des moyens alternatifs [216].

Pour lui, les principes sur ces deux thématiques se rejoignent au fond, car, l'idée fondamentale dans les deux cas est qu' on ne peut tourner la page sans l'avoir lue, autrement dit, une société ne peut faire l'impasse sur les crimes graves qui ont été commis en son sein et qu'elle doit nécessairement faire la lumière sur ces crimes pour se reconstruire[217]. Toutefois, il reconnaît qu'il est difficile de mettre en œuvre cette exigence de justice dans des situations post-conflit complexes et souvent explosives[218].

La justice transitionnelle est un ensemble de mécanismes judiciaires et non judiciaires mis en place dans un pays après une période conflictuelle ou une situation ayant fragilisé la cohésion sociale. Le terme « *transitionnelle* » qui est rattaché au vocable « *justice* » rend compte de cette réalité, de ce passage d'une situation A (pouvant être conflictuelle) vers une situation B (situation caractérisant un changement vers un mieux-être). Pour Alex Borraine, *la justice transitionnelle est issue de la pratique isolée d'un éventail de mécanismes ayant comme dénominateur commun de s'attaquer à des évènements du passé*[219].

Sur le plan du droit constitutionnel, la transition est conçue comme étant la période qui sépare la situation ancienne d'un État fondé sur un système politique et

---

[216] Olivier de FROUVILLE op Cit. P36

[217] Idem.

[218] Idem.

[219] Communication présentée par Alex Borraine lors du colloque sur le thème « réparer les effets du passé : Réparations et transitions vers la démocratie » document non publié disponible au siège du Collectif des Associations contre l'Impunité (CACIT) au Togo.

constitutionnel donné à une nouvelle situation caractérisée par un système différent.

La justice transitionnelle, selon les « *principes Joinet* », repose sur quatre piliers que sont :

Le droit de savoir ; Il s'agit du droit inaliénable pour chaque individu de connaître la vérité sur les différents évènements du passé. Ensuite, il induit le devoir de mémoire qui consistera à écrire l'histoire de l'oppression du peuple. Le droit imprescriptible de savoir est reconnu aux victimes indépendamment de toute action en justice.

Les commissions-vérité et réconciliation sont d'un très grand apport pour la recherche de la vérité.

Le droit à la justice , ce droit s'analyse comme l'obligation qu'ont les Etats de mener rapidement des enquêtes judiciaires approfondies, indépendantes et impartiales sur les violations des droits de l'homme et du DIH.

Dans ce cadre, les poursuites peuvent être autant nationales qu'internationales ou encore combinées. C'est ce dernier mode qui fut choisi en Côte d'Ivoire avec des poursuites internes et également des poursuites pendantes devant la CPI. En Sierra Léone, un tribunal internationalisé fut créé pour juger les personnes qui se sont rendues coupables de graves violations des droits de l'homme. Le Tribunal Spécial pour la Sierra Léone (TSSL) a rendu son premier jugement en 2013 condamnant l'ancien Président Charles Taylor à une peine de cinquante (50) ans d'emprisonnement.

Le droit à la réparation, ce droit se traduit par le devoir de réparer le préjudice subi par un individu ; la réparation peut prendre plusieurs formes que sont la restitution, la satisfaction, l'indemnisation.

Le droit aux garanties de non-répétition, ce droit induit pour l'État un ensemble de réformes institutionnelles et de mesures qui sont à même de garantir le respect de l'État de droit, de susciter et d'entretenir une culture du respect des droits de l'homme. Il s'agira de faire un diagnostic des structures dont le dysfonctionnement a emmené ou contribué à alimenter la crise et au mieux les réformer, faire le « *veeting* », c'est-à-dire expurgé de ces structures les personnes qui, de par leurs actes, ont contribué à ternir de façon significative la réputation de l'organe concerné.

Les institutions judiciaires font partie intégrante des mécanismes de justice transitionnelle. Toutefois, le constat qui s'impose est que cet aspect est bien souvent laissé pour compte. En Afrique du Sud, on a assisté au « *deal* » justice contre paix. La simple repentance entrainait l'amnistie, contribuant à instaurer une véritable culture de l'impunité. Pour les gouvernants sud-africains, l'instauration de la justice aurait été de nature à retarder voir à rendre illusoire le processus de paix. Ainsi, les personnes qui furent jugées furent celles qui refusèrent la repentance.

Or, échangé la paix contre la justice est de nature à poser les soubassements de conflits et de violations futures. Victorine WODIE exprime cela en ces termes : *le respect des droits de l'homme et de la justice a été souvent sacrifié sous l'autel de la réconciliation. L'expérience des tentatives de réconciliation nationale au Libéria et en Sierra Léone démontre qu'aucune paix durable n'a pu advenir sans une justice indépendante ; il ne saurait y avoir de véritable justice sans paix*[220].

Au Togo, le processus de réconciliation s'est déroulé sans la possibilité pour les victimes d'obtenir réparation auprès des institutions judiciaires. Les plaintes déposées par elles après les violations de 2005 n'ont pas été

---

[220] Victorine Wodié, droit de l'homme, politique de réconciliation et de paix en Afrique, Revue de l'Université Catholique d'Afrique de l'Ouest (UCAO), les actes du colloque mars 2010, N°33, éd. UCAO/UUA.

instruites ni jugées. Une étude réalisée en 2011[221] faisait ressortir que sur 43 plaintes objet de l'étude, aucune n'avait fait l'objet d'instruction. Les autorités judiciaires n'avaient elles-mêmes pas compris le fonctionnement de la justice transitionnelle justifiant pour certains leur refus de traiter les plaintes par l'institution de la Commission Vérité Justice et Réconciliation (CVJR). Cela a contribué à alimenter les rancœurs des victimes, ce qui a conduit en 2013 à des mouvements de révolte ayant entraîné une fois de plus des violations de droit de l'homme qui se poursuivent sporadiquement.

L'intégration de la justice dans les modes de résolution des conflits n'est pas comprise par les acteurs du processus. Cela rend difficile le travail des institutions judiciaires et plus précisément de la CPI dont il est question. D'aucuns craignent que si la CPI s'ingère dans des conflits en cours ou récents, les guerres durent plus longtemps, les processus de négociations de paix soient perturbés et les dirigeants hésitent à abandonner le pouvoir s'ils font face à des accusations puisqu'ils ne pourront bénéficier d'amnistie. Une controverse existe sur la question et les situations dans deux pays rendent compte de la difficulté de trouver une position médiane.

Au Darfour, d'aucuns craignent que le mandat d'arrêt délivré contre le Président soudanais, Al BASHIR, menace le processus de paix et mette en péril les campagnes d'aides humanitaires et de maintien de la paix sur place[222]. En Ouganda, certains observateurs estiment que les mandats d'arrêt de la CPI ont joué un rôle crucial

---

[221] Konaté Dindio, les entraves judiciaires aux plaintes des victimes de violences politiques dans le cadre du processus de réconciliation au Togo, Mémoire de Master en gestion des conflits et paix, Centre de Recherche et d'Actions pour la Paix (CERAP), Mars 2012.

[222]Laura Barnett citant Arieff, Margesson et Browne, *la Cour Pénale Internationale : histoire, rôle et situation actuelle, division des affaires juridiques et législatives* ; novembre 2008.

en ce qu'ils ont amené les rebelles à la table de négociation. Toutefois, les dirigeants de l'ARS exigent maintenant d'être protégés contre toute poursuite en échange de leur participation continue au processus de paix[223].

En tout état de cause, l'action des commissions-vérité et réconciliation semble être un assouplissement au principe de l'inapplicabilité de l'amnistie à la CPI au regard d'un précédent. En effet, dans le cadre de la Cour Pénale Internationale, une question de réconciliation s'est posée le 18 mars quand une délégation des leaders Acholi du Nord de l'Ouganda est venue faire part au Procureur de sa crainte que l'enquête sur la situation concernant la LRA ne nuise au processus de paix et de réconciliation, car la menace d'éventuelles poursuites avait provoqué l'échec de la signature d'un accord de paix en décembre 2004[224]. Un mois plus tard, le Procureur de la CPI, tout en soulignant que l'impunité n'est pas possible, déclarait qu'il pouvait interrompre les poursuites si elles « *ne servent pas les intérêts de la justice ou des victimes* » ajoutant que « *l'intérêt principal des victimes actuellement c'est leurs vies* »[225].

Ce précédent contribue à rendre davantage flous les objectifs de la CPI. En effet, peut-on refuser de faire justice au nom de la justice ?

C'est ce que l'UA proposait au Conseil de Sécurité quand il demandait, lors de la conférence de 2011 relative à la Cour Pénale Internationale, au Conseil de Sécurité par le truchement de *l'article 16 du Statut de Rome, d'annuler*

[223] Idem

[224] Voir les déclarations du Procureur et la CPI et la délégation de leaders Acholi du Nord de l'Ouganda, communiqué de presse N°ICC-OTP 2005.042-FR

[225] Idem.

le processus de la CPI sur le Kenya dans l'intérêt de la justice ainsi que de la paix dans ce pays.

Lors de sa session extraordinaire en octobre 2013, l'UA, revenant sur sa position d'annulation demandait au Conseil de Sécurité « *la suspension des procès du Président Uhuru KENYATTA et de son Vice-président William Samoei RUTO (...) jusqu'à la fin de leur mandat* ». On pourrait donc croire que la position de l'UA a considérablement évolué sur la question. Finalement, la Cour a conclu à l'insuffisance d'éléments de preuves.

Gérer la dialectique de la nécessité de la paix et de l'exigence de la justice est une des difficultés majeures à laquelle est confrontée la CPI dans les sociétés sortant d'un conflit.

2. Des poursuites dirigées contre l'Afrique ?

Depuis 2003, neuf (9) affaires ont été ouvertes devant la CPI dont huit (8) mettent en cause des États africains[226]. Il est important de rappeler que dans quatre des cas (Ouganda, RDC, RCA, Mali), les situations ont été déférées par les États concernés.

Les critiques à l'égard de la Cour concernent son mode de fonctionnement. La CPI, du fait de la concentration des poursuites sur l'Afrique, ne serait pour certains, qu'un outil de la puissance occidentale, laquelle, après avoir imposé sa force diplomatique et économique, achevait sa domination par un raffinement juridictionnel. La Cour est également mise en cause pour pratiquer le double standard et n'être qu'une « *une cour pour l'Afrique* ».

Cet argument est porté au plus haut point par l'institution africaine. Lors de sa session extraordinaire d'octobre 2013, l'UA réitérait « *la préoccupation de*

---

[226] Ce sont les situations en Ouganda, en République Démocratique du Congo, au Soudan, au Kenya, en Lybie, en Côte d'Ivoire.

l'Union Africaine en ce qui concerne la politisation et l'utilisation abusive des inculpations des dirigeants africains par la CPI, ainsi que les inculpations et les poursuites sans précédent engagées contre le Président et le Vice- Président en exercice du Kenya[227] ».

Des arguments militent en faveur de cette assertion. D'ailleurs, le Président de la CPI, Sang-Hyun SONG le mentionne lors de son rapport présenté à la soixante-huitième session de l'Assemblée générale des Nations Unies. *« La CPI a attiré l'attention du monde ces derniers mois, particulièrement en Afrique. Des voix l'ont exhortée à faire preuve de souplesse sur certaines questions. La CPI essaiera naturellement de trouver des solutions pratiques, mais ces solutions doivent être en conformité avec le Statut de Rome*[228] ».

Les deux (2) principaux griefs formulés par les États africains sont la focalisation des poursuites sur l'Afrique et les poursuites engagées contre les Chefs d'État en fonctions. Si nous sommes d'accord en partie avec le dernier grief, il n'en est pas de même pour le premier.

En effet, les États africains ont été à l'initiative de quatre affaires pendantes devant la Cour. En pareille situation, mettre en cause l'indépendance de la Cour pénale internationale relèverait du procès d'intention. La CPI n'est que complémentaire des juridictions nationales ; il ne serait pas judicieux pour ces États de renoncer à leur souveraineté judiciaire pour ensuite critiquer une politique de ciblage de la Cour.

---

[227] Extrait de la session extraordinaire de la conférence de l'UA, décision sur les relations entre l'Afrique et la Cour Pénale Internationale, Addis-Abeba, 12 octobre 2013, EXT/ASSEMBLY/AU/DEC.1 para. 4.

[228] Communiqué de presse AG/11447, soixante huitième Assemblée Générale des Nations Unies, 31/10/2013.

Par ailleurs, la focalisation de la CPI sur l'Afrique n'est-elle pas due à la quasi-consécration de l'impunité constatée bien souvent en Afrique ?

La lutte contre l'impunité est aujourd'hui encore particulièrement ardue en Afrique. Malgré le passage de l'Organisation de l'Unité Africaine (OUA) à l'Union africaine (UA) et la mise en place de mécanismes de bonne gouvernance politique, économique, tel le mécanisme d'évaluation par les pairs NEPAD, l'image de « *syndicat de chefs d'États africains* » colle toujours à l'Union Africaine. Les chefs d'État sont réticents à dénoncer leurs pairs. Ce qui n'est pas le cas pour les États européens ou américains où on assiste à des procès engagés contre d'anciens chefs d'État comme ce fut le cas en France, contre Jacques Chirac et contre Nicolas Sarkozy. La destitution en cours de la Présidente du Brésil Dilma Roussef est un cas certes atypique, mais qui démontrent le respect des principes de bonne gouvernance et de l'Etat de droit.

Pour ce qui est des poursuites engagées contre les chefs d'État en exercice, l'UA a appelé le Conseil de Sécurité à user de l'article 16 du Statut de Rome pour ajourner les poursuites contre les dirigeants kenyans et soudanais lors du sommet qu'ils ont tenu le 13 octobre 2013. Plusieurs voix discordantes se sont élevées pour appeler le Conseil de Sécurité et la CPI à donner droit aux préoccupations de l'UA en évitant de tomber dans une rigidité juridique. Le représentant du Kenya déclarait à ce propos lors de la soixante-huitième Assemblée Générale des Nations Unies « *nous devons éviter une interprétation étroite et rigide et politiquement motivée du Statut de Rome et plutôt que de se concentrer sur des punitions brutales, misons donc sur les gains de la réconciliation et la promotion de la justice réparatrice*[229] ».

---

[229] Idem.

Le représentant du Brésil M. Guilherme de Aguiar Patriota a déclaré à la soixante-huitième Assemblée des Nations Unies que l'évolution de la situation en Afrique et les résultats du récent sommet extraordinaire de l'Union Africaine appellent le Conseil de Sécurité et l'Assemblée des États parties au Statut de Rome à un engagement constructif avec l'Afrique. Il a demandé de la « sagesse diplomatique » pour préserver les instruments de la justice pénale internationale tout en se montrant ouvert à des demandes qui sont justifiées juridiquement et qui reflètent un large soutien politique. Nous devons écouter sans réserve les préoccupations des États africains, a ajouté le représentant, qui s'est dit convaincu qu'il existe un espace pour désamorcer la polarisation, confirmer le respect du Droit International et de la règle de droit et traiter des problèmes soulevés par les États africains [230].

Même son de cloche pour M. McLay, représentant de la nouvelle Zélande qui affirmait que la CPI fait actuellement face au plus important défi de ses 10 années d'existence et a reconnu la légitimité des préoccupations formulées par l'Union Africaine et le Kenya. Le représentant a estimé que ces préoccupations méritent d'être examinées avec soin et sérieux. (…) de tels défis doivent être l'occasion de placer la CPI sur de meilleures bases. Lorsqu'une cour perd sa crédibilité aux yeux d'un secteur important de l'opinion, ceux qui détiennent des responsabilités politiques et législatives ont le droit et le devoir d'agir pour rétablir sa crédibilité[231]. Il a poursuivi pour reconnaître la légitimité de la demande formulée par l'Union africaine et le Kenya, appelant le Conseil de Sécurité à l'étudier en faisant preuve d'ouverture d'esprit. La CPI devrait adopter une approche qui reconnaisse

---

[230] Idem.

[231] Idem.

l'existence de circonstances exceptionnelles et qui favorisera la coopération.

Au-delà des règles juridiques, il ne serait pas pratique qu'un chef d'État fasse la navette entre son pays et la CPI pour assister aux différentes procédures alors même qu'il doit se focaliser sur les politiques de développement de son pays. En ce sens, le Vice-président kenyan avait dû demander à la Cour l'autorisation de s'absenter des procédures lors d'une attaque terroriste dans son pays requérant une gestion rigoureuse de la part de l'État.

Le droit n'est pas en dehors de la société, bien au contraire les normes sont édictées pour régenter la vie en société. Il se doit donc d'être réaliste et réalisable. Finalement, la Cour a ajourné ses poursuites contre le Président pour preuves insuffisantes ; toutefois, cette situation a démontré une fois de plus le difficile équilibre entre la lutte contre l'impunité par l'administration de la justice et la recherche de la paix, de la consolidation des États.

Le bureau du Procureur en donne l'explication dans son plan stratégique 2016-2018. Il affirme que les facteurs qui ont conduit le Procureur à demander le retrait de l'affaire engagée contre Uhuru Kenyatta et Francis Mathaura sont entre autres, la pénurie d'éléments de preuves disponibles due à la nature spécifique de ce dossier, l'accès limité du Procureur aux éléments de preuve dû à l'absence de coopération et du manque de pistes de substitution à des témoignages clés dans l'enquête.

Sans doute qu'une des difficultés à laquelle est confrontée la CPI dans la prise d'une telle mesure est l'hégémonie des chefs à la tête de leurs États. Le manque d'alternance démocratique fait planer le doute que ces violations ne restent à jamais impunies si les dirigeants incriminés se maintiennent au pouvoir toute leur vie. Il est à rappeler que l'Afrique est le continent qui bat les records en matière d'hégémonie des Chefs d'État à la tête de leurs États.

L'idée de retrait en bloc des États africains est partagée par plus d'un. Il ne faut pas occulter le fait que même si ce retrait des États africains énoncé lors de l'Assemblée de l'UA n'est pas communément accepté par tous[232], la mise en application de ces menaces constituerait un coup de massue pour la CPI en termes d'universalité de sa compétence. Elle ne deviendra qu'une cour régionale avec peu d'États parties. Une autre alternative est étudiée par l'UA à savoir l'élargissement de la compétence de la Cour Africaine.

Dans sa décision du 1er juillet 2011 l'UA demandait à la Commission africaine « de défendre et de protéger les intérêts de l'Afrique dans le système judiciaire international, et de continuer activement la mise en œuvre des décisions de la conférence de doter la Cour africaine de justice des droits de l'homme et des peuples de la compétence lui permettant de juger les crimes internationaux graves commis sur le sol africain[233] ».

Cette position sera réitérée en octobre 2013 quand l'UA demanda à la Commission d' « accélérer le processus d'élargissement du mandat de la Cour africaine des droits de l'homme et des peuples au jugement des crimes

---

[232] De nombreux observateurs, tout comme Koffi Anan énonçait à ce propos que ce serait un recul pour la justice internationale pénale si une telle situation se matérialisait. Pour lui, « *tous ceux qui ont commis des crimes contre l'humanité doivent être traduits en justice de façon impartiale et sans complaisance. Notre première préoccupation doit être d'obtenir justice pour les victimes, les sans voix et les plus démunis ; ce n'est pas l'Afrique qui est en procès à la CPI, ce sont les individus* ». Communiqué de presse de l'organisation the Elders à la suite d'une visite de l'ancien SG des nations Unies en Côte d'Ivoire, 10 Octobre 2013.

[233] Extrait de la résolution de l'Union Africaine 1er juillet 2011 op. Cit para. 8.

internationaux, tels que le génocide, les crimes contre l'humanité et les crimes de guerre[234] ».

Même si les conventions lient les parties, point n'est besoin de rappeler que celles-ci doivent être exécutées de bonne foi. La CPI, à travers ses différents mécanismes de saisine gagnerait à se focaliser également sur des situations de violations massives des droits de l'homme telles que celles commises en Syrie, en Ukraine. Le Conseil de Sécurité pourrait renvoyer ces situations devant la Cour afin que les auteurs de ces violations soient également punis, tout comme les renvois qu'il a faits des situations du Kenya et de la Libye.

Le « *double standard* » dont est accusée la CPI, ne serait donc pas du fait de la Cour, mais du Conseil de Sécurité qui saisit la Cour contre le Soudan, mais s'abstient de toute démarche à l'encontre d'Israël ou de la Russie ou encore dans divers autres cas.

Hormis cette difficulté, la CPI est confrontée à la politique de la première puissance au monde, consistant à rendre inefficace son action.

PARAGRAPHE 2 : L'ATTITUDE DES ÉTATS UNIS FACE A LA CPI, UNE DÉFIANCE ?

L'absence d'États comme les États-Unis d'Amérique (première puissance) dans une instance judiciaire dont l'universalité constitue l'un des critères majeurs de crédibilité pose problème. La position américaine relativement à la CPI a évolué lentement depuis que la Cour a vu le jour. Le Président Georges Bush a officiellement renoncé aux engagements pris par les États-Unis aux termes du Statut de Rome en 2002. Ainsi,

[234] Extrait de la session extraordinaire de la conférence de l'UA, décision sur les relations entre l'Afrique et la Cour Pénale Internationale, Addis Abeba, 12 octobre 2013, EXT/ASSEMBLY/AU/DEC.1 para. 10.

plusieurs accords internationaux furent signés par ce gouvernement pour soustraire ses ressortissants d'éventuelles poursuites provenant de la CPI. L'accord « American Service Members Protections » et les accords de type article 98 seront passés en revue.

1. L'Accord « American Service Members Protection Act (ASPA) »

L'ASPA a été mise en place par les États-Unis pour limiter l'efficacité de la Cour comme le révèle Clémence Bouquemont[235].

Il n'est rien d'autre qu'une loi interne américaine qui assure l'immunité des ressortissants américains et des résidents permanents contre la compétence de la CPI[236]. Votée à la majorité au Sénat américain le 07 décembre 2001, cette loi est promulguée le 2 août 2002 par le Président Georges Walker Bush. Également, le 12 juillet 2002, les États-Unis parvinrent à obtenir du Conseil de Sécurité le vote à l'unanimité de la résolution 1422. S'inspirant des dispositions de l'article 16 du Statut de Rome qui énonce le sursis à enquêter ou à poursuivre les faits de crime relevant de la compétence de la CPI, la résolution 1422 organise l'immunité des ressortissants américains.

L'une des raisons ayant milité pour le vote en faveur de cette loi était liée au contexte consécutif aux attentats du 11 septembre 2001, une période de lutte effrénée contre le terrorisme. À un moment où les dirigeants devaient apparaître unis contre l'ennemi et à quelques mois seulement des élections de 2002 au congrès, il était

---

[235] C. Bouquemont, la Cour Pénale Internationale et les Etats-Unis, Paris, l'harmattan 2003.

[236] Lewendoska D. & all, les Etats Unis et les juridictions pénales internationales, séminaire de justice internationale. 2006-2007.

difficile pour un membre du congrès de s'opposer à une loi intitulée « *loi de protection du personnel américain* ».

L'ASPA prévoit les dispositions suivantes :

L'interdiction de toute coopération américaine avec la CPI[237]. Cette loi précise que les juridictions américaines, les gouvernements locaux et le gouvernement fédéral ne devraient pas coopérer avec la Cour en matière d'arrestation, d'extradition des suspects, d'enquêtes, de mise sous séquestre, de recueil des preuves et de saisies.

Y est également mentionnée l'interdiction de toute assistance militaire envers les États ayant ratifié le traité de Rome. Cette interdiction dure douze mois renouvelables ; elle ne peut avoir lieu que si les intérêts américains en dépendent. Toutefois, cette interdiction ne s'applique pas aux États membres de l'OTAN ni aux alliés essentiels des États unis non membres de l'OTAN, tels que: Israël, l'Australie, l'Égypte, le Japon, la Jordanie, l'Argentine, la République de Corée du Sud, la Nouvelle-Zélande et Taiwan[238].

L'interdiction de la transmission des informations relevant de la sécurité nationale aux pays ayant ratifié le Statut ;

La restriction de la participation américaine aux opérations de maintien de la paix de l'ONU[239.]

En cas de détention d'un citoyen américain par la CPI, l'ASPA donne tout pouvoir au Président des États-Unis en vue d'utiliser « *tous les moyens nécessaires et*

---

[237] Section 2004 de l'ASPA, prohibition of the cooperation with International Criminal Court.

[238] Section 2007 de la loi: prohibition of the US military assistance to parties to international criminal court. Cette menace a été mise en œuvre par les Etats Unis en juillet 2003. En effet, le gouvernement Bush annonçait la suspension de l'aide militaire américaine en défaveur de 35 pays qui en bénéficiaient jusque-là.

[239] Section 2005 de l'ASPA: restriction of the US participation in certain UN peacekeeping operation.

appropriés » pour le libérer[240]. Paradoxalement, elle permet l'assistance américaine à tout effort, y compris de la CPI, pour soumettre des criminels étrangers à la justice[241].

Les rédacteurs de l'ASPA ont pris le soin d'introduire des dérogations dans cette loi. Elle prévoit que ces différentes interdictions peuvent être levées par le Président. Lorsque ce dernier agit comme chef suprême des armées, autant l'interdiction de coopération que l'interdiction de fournir les informations touchant à la sécurité nationale sont inapplicables. De même les restrictions à la participation des forces américaines aux Opérations de Maintien de la Paix (OMP) et l'interdiction d'assistance militaire aux pays ayant ratifié le Statut de la CPI peuvent être suspendues par le Président[242].

Ces dérogations constituent des notes d'espoirs pour une future coopération des États-Unis avec la Cour Pénale Internationale. En effet, l'élection d'un président plus soucieux du respect des droits de l'homme, de la lutte contre l'impunité et d'une coopération multilatérale pourra avoir une influence très positive sur cette collaboration nécessaire entre la première puissance mondiale et la CPI.

Quoi qu'il en soit, cette loi est une nouvelle illustration de l'unilatéralisme dont les États-Unis font souvent preuve dans leurs relations extérieures et plus encore pendant le mandat à la Maison-Blanche de Georges Walker BUSH avec sa politique conservatrice et unilatérale. Ce ne sont rien d'autres que des parades juridiques au service de l'exception américaine ; une modalité de plus, un autre

---

[240] Le surnom "the Hague invasion act provident de cette disposition car la CPI se trouvant à la Haye au Pays bas, il va sans dire que libérer un prisonnier par la force reviendrait à lancer une invasion contre cette ville, voire ce pays.

[241] Section 2015; "*assistance to international efforts*".

[242] Section 98: "*waiver and termination of prohibition*".

levier sur lequel les États Unis s'appuient pour neutraliser la compétence de la CPI sur ses ressortissants perpétuant l'impunité pour les auteurs des crimes graves.

En plus de cet accord, plusieurs autres instruments ont été mis en place pour protéger les citoyens américains parmi lesquels les accords du type article 98.

2. Les accords du type "article 98"

L'article 98 du Statut de Rome prévoit : *1. La cour ne peut poursuivre l'exécution d'une demande de remise ou d'assistance qui contraindrait l'État requis à agir de façon incompatible avec les obligations qui lui incombent en Droit International en matière d'immunité des États ou d'immunité diplomatique d'une personne ou de biens d'un État tiers en vue de la levée de l'immunité.*

En son paragraphe 2., cet article dispose *: la cour ne peut poursuivre l'exécution d'une demande de remise qui contraindrait l'État requis à agir de façon incompatible avec les obligations qui lui incombent en vertu d'accords internationaux selon lesquels le consentement de l'État d'envoi est nécessaire pour que soit remise à la Cour une personne relevant de cet État, à moins que la Cour ne puisse au préalable obtenir la coopération de l'État d'envoi pour qu'il consente à la remise.*

Après avoir retiré leur signature du traité portant création de la CPI, les États Unis ont utilisé une nouvelle politique à l'égard de la CPI . Ils s'appuient sur des dispositions de la Cour notamment le «*mécanisme prévu par l'article 98* » du Statut de Rome en proposant des accords bilatéraux à des nombreux États, pour garantir l'immunité des ressortissants américains devant la CPI. Cette stratégie, légale dans la forme, revêt des conséquences «*certainement plus graves pour la compétence future de la cour* »[243].

[243] C. Bouquemont Op. Cit.

Les États-Unis usent de plusieurs formes d'accords :

La première forme se fait par consentement mutuel des États signataires à ne pas remettre à la Cour les nationaux de l'autre État sans le consentement exprès du partenaire.

Quant à la deuxième forme, qui relève également d'un consentement mutuel, les États signataires de l'accord ne devraient pas coopérer avec des États tiers pour l'extradition, la remise ou le transfèrement d'un ressortissant, de l'une des parties signataires de l'accord, à la CPI.

Pour ce qui est de la troisième forme que peut revêtir les accords de type article 98, elle ne touche pas aux relations liant la Cour et l'État partie, mais plutôt aux relations entre les États Unis et ledit État. L'exigence dans cet accord est le consentement préalable avant toute remise d'un ressortissant américain.

La signature de ces accords se fait par la contrainte en toile de fond. Ainsi, le 2 juillet 2003, Washington annonçait la suspension de son aide militaire à 35 États, en représailles pour leur refus d'accorder l'immunité aux Américains qui seraient inculpés par la CPI[244]. Cette mesure se traduit concrètement par la suspension d'un total de 47,6 millions de dollars d'aide qui restaient à débourser d'ici la fin de l'année fiscale américaine. Cette sanction visait neuf (9) États européens[245], dix (10) États africains[246], quatorze (14) États américains[247] et deux (2)

[244] Jean Louis Attangana Amougou, agrégé des facultés de droit, doyen de la faculté des sciences Juridiques et Politiques de N'Gaoundéré- Cameroun, le refus de coopérer avec la CPI, cours de master 2010-2011.

[245] Bulgarie, Croatie, Estonie, Lituanie, Lettonie, Malte, Serbie Monténégro, Slovaquie, Slovénie.

[246] Benin, République Centrafricaine, Lesotho, Malawi, Mali, Namibie, Niger, Afrique du Sud ; Tanzanie, Zambie.

de la région Asie/Pacifique[248]. Quarante-quatre (44) pays sur ceux ayant signé le Statut de Rome ont signé des accords bilatéraux de non-extradition avec les États-Unis. Cette super puissance recourt à la contrainte économique et parfois militaire pour imposer la conclusion des accords de non-extradition.

Selon *Amnesty International*, dans son rapport d'août 2002[249], ces accords bilatéraux posent un certain nombre de problèmes quant à leur conformité avec les principes du Droit International relatif aux traités.

Il est important d'envisager la renégociation de tous les accords d'extradition préalablement en vigueur, ou encore, de ceux qui couvrent un plus grand spectre de personnes que les Statuts *Of Forces Agreements* (SOFAs)[250] ou la Résolution 1422[251].

Les États Unis fondent la légitimité de leurs actions sur l'article 98 précité, ce qui poserait un problème d'interprétation du droit que devraient trancher les États parties lors des conférences de révision du Statut de Rome.

---

[247] Antigua, Barbade, Belize, Brésil, Colombie, Costa Rica, Dominique, Equateur, Paraguay, Pérou, St Vincent et Grenadines, Trinidad et Tobago, Uruguay, Venezuela.

[248] Fidji, Samoa.

[249] Rapport d'Amnesty International, Cour Pénale Internationale, l'Union Européenne doit prendre des mesures plus efficaces afin d'empêcher ses membres de conclure des accords d'impunité avec les Etats Unis, EFAI, octobre 2002.

[250] Les SOFAs sont des accords entre Etats dont l'un a des forces armées sur le territoire de l'autre. Ils ont pour but de désigner la juridiction ayant la compétence de juger d'éventuels crimes commis par les militaires ainsi stationnés.

[251] En 2002 et 2003, le gouvernement américain a réussi a faire adopter par le Conseil de Sécurité des Nations Unies la résolution 1422 accordant l'immunité au personnel des Etats qui ne sont pas parties au Statut de Rome et qui participent à des missions des Nations Unies. Cette résolution a toutefois expiré en 2004 et n'a pas encore été renouvelée.

Cela pourrait être également porté à la connaissance de la CIJ pour une décision.

Trean Claire déclare à ce propos que : l'article 98 a été introduit dans le Statut, lors des négociations de 1998, pour répondre à la crainte de certains pays que le traité sur la CPI n'entre en contradiction avec des obligations internationales préexistantes. Les États-Unis en font aujourd'hui une interprétation manifestement abusive en cherchant à l'utiliser pour assurer l'immunité à leurs citoyens »[252]

En outre, les experts en Droit International s'accordent à reconnaître que les engagements auxquels l'article 98 fait référence sont les SOFAs, dont les plus connus sont ceux de l'OTAN, et non les accords bilatéraux que les États-Unis s'efforcent aujourd'hui de conclure[253]. Rappelons que le but d'un SOFA n'est pas de consacrer l'impunité aux membres des forces armées du pays d'envoi, mais bien de désigner à qui revient la responsabilité de mener une enquête et de juger les crimes commis sur un certain territoire pendant une certaine période et dans des contextes spécifiques.

De toute évidence, l'article 98 aurait donc été introduit pour assurer le respect de ce type d'accords, *conclus avant l'entrée en fonction de la CPI,* et ne s'adressait pas, comme l'affirment les États-Unis, aux accords passés ultérieurement à l'entrée en vigueur du Statut dans le but de soustraire les nationaux américains à la compétence de la CPI.

En outre, les accords d'« impunité » seraient contraires à l'article 98 en ce sens qu'au lieu de dire à qui appartient la compétence de mener une enquête et de juger les crimes

---

[252] Claire Trean, *une interprétation abusive de l'article 98 du Traité de Rome* in le Monde, 4 Septembre 2002.

[253] Amnesty International, U.S. efforts to obtain impunity for genocide, crimes against humanity and war crimes, juillet 2002.

commis par les ressortissants américains, ces accords se bornent à empêcher la CPI d'exercer sa compétence sur ceux-ci perpétuant l'impunité des auteurs de ces crimes.

La ratification de tels accords par les États-parties constitue une situation de non-respect du Droit International aux termes de l'article 31, §1 de la Convention de Vienne sur le droit des traités du 23 mai 1969 qui dispose qu' *un traité doit être interprété de bonne foi suivant le sens ordinaire à attribuer aux termes du traité dans leur contexte et à la lumière de son objet et de son but*.

L'objectif du Traité de Rome défini dans son préambule est d'assurer que les responsables des crimes les plus attentatoires aux droits humains soient livrés à la justice et répondent de leurs actes, devant une juridiction étatique ou la juridiction internationale qu'est la CPI.

Ainsi, tout accord qui empêcherait la cour d'exercer cette compétence est contraire à l'objet et au traité de Rome.

Alors, la position américaine, au regard de l'article 32 de la convention de Vienne, démontre qu'il peut être fait appel à des moyens complémentaires d'interprétation, et notamment aux travaux préparatoires et aux circonstances dans lequel le traité a été conclu « *lorsqu'une interprétation aurait conduit à un résultat qui est manifestement absurde ou déraisonnable* ».L'esprit qui a prévalu à la mise en place du traité doit alors guider toute velléité d'interprétation.

Ces interprétations de l'article 98 du Statut de Rome ouvrent la porte à de nombreuses violations du traité de Rome et du Droit International. D'autres États pourraient s'en inspirer et opposer en cas de contestation le précédent posé par les États-Unis. Cela contribuerait à entacher considérablement l'efficacité de la Cour dans la mission de justice qui lui est assignée.

L'attitude des États-Unis fait apparaître l'impérialisme judiciaire américain qui se matérialise par l'opposition contre la compétence de la CPI à l'égard des ressortissants américains et qui mine *de facto* la crédibilité et l'effectivité de cette juridiction.

CONCLUSION PARTIELLE

Tout comme les juridictions antérieures que sont les tribunaux de Nuremberg, de Tokyo et les juridictions ad hoc, la CPI est vivement critiquée du fait de limites relevant tant de sa structure que de son fonctionnement. Les États, en créant la CPI, ont semblé lui avoir accordé une partie de leur souveraineté à titre subsidiaire. Dans les faits, force est de constater qu'ils demeurent réfractaires à la matérialisation du pouvoir judiciaire par la CPI. L'un des États les plus virulents en termes de remise en cause de la CPI fut les États-Unis. Par leur statut de super puissance, ils se sont mis au-dessus de ce mouvement mondial de lutte contre l'impunité en signant au besoin des accords, parfois sous la menace de rupture d'aides accordés dans divers domaines à des États qui en sont dépendants.

Cela a contribué de manière significative à réduire les pouvoirs d'actions de la Cour ; ces dernières années, la position des États-Unis s'est assouplie sur la question de la CPI. Son représentant à la Soixante-huitième Assemblée des Nations Unies, M. Stephen ZACK, déclarait que « *même si son pays n'est pas partie au Statut de Rome, il n'en reconnaît au moins que la CPI a un rôle important à jouer dans un système multilatéral qui vise à mettre un terme à l'impunité* »[254]. L'adhésion de cette puissance au Statut aurait donné plus de répondant à la Cour.

---

[254] Communiqué de presse AG/11447 Op. Cit.

Hormis l'attitude des États, la Cour dans son fonctionnement est bien souvent remise en cause à travers ses politiques de poursuites et la restriction de son champ d'intervention focalisé sur l'Afrique. Les procédures devant la CPI se prolongeant indéfiniment contribuent à réduire l'efficacité de la CPI pour instaurer la paix et la Justice.

Toutes les limites relevées contribuent à réduire l'efficacité de la Cour au regard des objectifs de lutte contre l'impunité. Ces objectifs ne sont autres que l'instauration de la justice pour obtenir la paix.

CONCLUSION GÉNÉRALE

Le XIXe siècle finissant avait été marqué, sous l'impulsion du mouvement de la Croix-Rouge, par la première tentative de codification du DIH avec les Conférences de La Haye de 1899 et de 1907 fixant les "lois et coutumes de guerre" et les modalités de règlement pacifique des différends. Le XXe siècle s'est achevé également avec un évènement marquant qui est la consécration d'un véritable Droit International pénal, salué comme la naissance d'un véritable "ordre international" fondé sur le respect des droits de l'homme[255] .

La justice internationale pénale constitue de nos jours une réelle garantie du respect et de la promotion des Droits humains par le monde. L'adoption du Statut de Rome est une avancée significative qu'il serait possible de qualifier d'évènement de portée exceptionnelle au regard de la justice internationale pénale. D'aucuns affirment que la CPI constitue la pierre angulaire de l'édifice de la justice internationale à laquelle l'humanité a aspiré depuis si longtemps. Elle est la conséquence de la création des TPI et des tribunaux de Nuremberg et de Tokyo, qui, quoiqu'étant des modèles imparfaits, ont, à travers leurs jurisprudences innovantes influencé de façon considérable la création de la Cour et certaines de ses décisions.

La CPI représente symboliquement un immense progrès en Droit International pénal et la concrétisation d'années de recherche de juristes expérimentés sur la création d'une Cour permanente et répressive des crimes les plus graves attentatoires à la vie humaine. Plus de dix ans après l'entrée en vigueur de son Statut, le tableau que

---

[255] Paulo- Serges Lopes, *la paix par le droit, l'exemple de la justice pénale internationale*, http://ecorev.org/spip.php?article139 .

présente la CPI est moins enthousiaste que celui dépeint dans les instruments juridiques portant création de la Cour.

Les règles liées à son fonctionnement, les limites de sa compétence matérielle, temporelle, contribuent à circonscrire son action dans des canevas figés. On est loin de la compétence universelle tant espérée pour réprimer les crimes les plus graves ; peu importe la qualification de l'infraction.

Pour parfaitement remplir sa vocation universelle, la CPI devrait entre autres contenir, en plus des crimes rentrant sous sa compétence, des termes génériques plus larges qui permettraient de prendre en considération des violations futures afin d'éviter que l'incrimination d'actes reste toujours aux trousses des tragédies et de stupéfactions. Hormis les cas prévus par le Statut de Rome, les crimes de terrorisme, le trafic de stupéfiants, le blanchiment d'argent, les crimes contre l'environnement, pour ne citer que ceux-là, sont des préoccupations constantes que devrait prendre en compte le Statut de Rome. À tout le moins, une insertion de dispositions laissant ouvert le champ matériel de la CPI aurait permis de régler ces cas de figure.

Par ailleurs, la Cour devra s'illustrer par le travail qu'elle accomplit, par sa qualité et par sa rigueur. Elle devrait renforcer l'impartialité dont elle est censée jouir pour gagner la confiance des États qui demeurent encore hostiles ou hésitants à s'engager dans l'œuvre de justice mondiale.

Il est impératif que les efforts soient conjugués en vue de la réalisation des objectifs assignés à la CPI. Ces efforts passent par la disponibilité et la volonté des États, mais aussi des organisations internationales, notamment l'ONU par le truchement du Conseil de Sécurité, dont le rôle est tout aussi important.

La CPI étant une juridiction d'exception, il serait souhaitable que les États conservent leur souveraineté judiciaire pour connaître des affaires relevant de la compétence de la Cour en harmonisant leurs législations nationales avec le Statut de Rome. Cela permettra à la CPI d'être désengorgée et d'être plus efficace dans le peu d'affaires qu'elle aura à connaître. Une telle situation aurait un impact positif sur les délais de procédure. La paix ne devrait pas s'échanger contre la justice, mais les deux devraient être mises ensemble pour donner les fondements solides d'un État de Droit.

La CPI est encore loin des objectifs statutaires de paix et de justice. Autant l'institution que les auteurs qui l'animent doivent faire preuve d'impartialité, d'indépendance et de crédibilité dans la poursuite et le jugement des « *présumés coupables* » des infractions.

L'œuvre de justice s'inscrit toujours dans un champ politique donné et l'intervention du juge constitue parfois le prolongement de la politique par des moyens juridiques. Mais la justice dont il s'agit vise la répression des crimes les plus graves, interpellant à ce titre la communauté internationale tout entière. Son indépendance, de la saisine à l'enquête, des poursuites au jugement, fonde son effectivité. Elle est aussi une condition *sine qua non* de son appropriation par les victimes, leurs familles et les sociétés concernées. Cette appropriation est elle-même indispensable à la réussite d'un processus de paix.

L'approche séquentielle des poursuites à laquelle fait référence le Procureur de la CPI devrait être abandonnée pour des poursuites plus larges prenant en compte tous les grands responsables des violations de Droits humains. Cette politique conduirait à réduire les critiques qui voient en la CPI une justice des vainqueurs, qui fut décriée à Nuremberg et Tokyo.

La Cour ferait œuvre nouvelle en s'en écartant pour donner plus de chance à la paix et à la justice dans les sociétés souvent déchirées par plusieurs années de guerres, de troubles avec pour corolaire de nombreuses violations des Droits humains et du DIH.

POSTFACE

L'adoption du Statut de Rome en 1998 et son entrée en vigueur quatre ans plus tard marquèrent une phase nouvelle dans l'histoire du droit international pénal. La création de la Cour Pénale Internationale signalait l'avènement d'un idéal de lutte contre l'impunité en dépit de la nationalité des auteurs ou de la location de leurs crimes, la reconnaissance d'une place importante pour les victimes de ces crimes, l'espoir que les réalités géopolitiques puissent être mises de côté en faveur d'un ordre juridique nouveau selon lequel certains crimes ne peuvent tout simplement pas restés impunis.

Près de vingt ans après l'adoption du Statut, la Cour conduit des enquêtes dans neuf pays, y compris en République démocratique du Congo, Cote d'Ivoire, Ouganda, et plus récemment en Géorgie. Les situations en Afghanistan, Iraq, Nigeria et Ukraine, entres autres sont sous examen préliminaires. Trois accusés ont été condamnés pour leurs crimes[256], et un jugement est imminent contre Mr. Al Mahdi pour avoir dirigé des attaques contre des monuments historiques et religieux à Tombouctou au Mali. Cependant, de nombreux doutes persistent sur la capacité de la Cour à achever les idéaux sur la base desquels elle a été créée. Aucune réparation n'a encore eu lieu et les premières procédures semblent enlisées dans le défi que constitue le nombre important de victimes et les moyens limités à la disposition de la Cour. Plusieurs affaires ont dû être abandonnées faute de preuve ou, si ces allégations sont prouvées, suite à des interférences avec les témoins. La Cour peine aussi à contrer les accusations de partialité envers l'Afrique et à

[256] Thomas Lubanga, Germain Katanga et Jean Pierre Bemba (ce dernier a fait appel et un jugement en appel est toujours attendu).

démontrer sa capacité de poursuivre les auteurs de crimes en dehors du continent africain.

Certaines critiques se centrent en effet autour de la perception selon laquelle l'idéal de justice que la CPI était censée achever, un idéal qui s'étendrait à tous les continents et permettrait de poursuivre tous les auteurs des crimes les plus graves, peu importe le poids politique, de leurs pays respectifs, n'a pas été achevé et semble encore lointain. À l'heure actuelle, la Cour n'a en effet entamé de poursuites qu'en relation avec certains pays d'Afrique et l'absence de poursuites à l'extérieur du continent est une source croissante de frustration parmi ceux, à tort ou à raison, qui considèrent que l'Afrique est ainsi ciblée, singularisée par la Cour. Le refus de certaines grandes puissances de ratifier le traité complique encore la relation délicate que la Cour entretient avec ses pays membres. Enfin, les difficultés de la Cour, et en particulier de son Procureur, à expliquer les choix faits en relation avec la sélection des affaires ou encore les charges retenues contre les accusés ajoutent au sentiment de partialité.

Malgré ces limites, l'existence même de la Cour agit comme une lueur d'espoir pour des milliers de victimes pour qui aucune justice, ou réparation n'a été délivrée au niveau national. Alors que les premières affaires devant la Cour ont vu un nombre relativement limité de victimes demander à participer aux procédures – seulement une centaine dans l'affaire Lubanga – plusieurs milliers de victimes ont non seulement suivi, mais eu leur voix représentée en salle d'audience via leurs avocats dans les procès qui ont suivi. En parallèle, la Cour a multiplié les tentatives de clarification de son mandat et tenté d'expliquer que la multiplication des affaires relatives à l'Afrique découlait principalement du choix des États africains de référer ces situations à la Cour. Enfin, la Procureure de la CPI semble avoir entendu certaines des critiques concernant le manque de clarté autour des choix qui sont faits et entend finaliser une politique clarifiant les critères selon lesquels son bureau décide de choisir et de donner priorité aux affaires.

Cet ouvrage permet de prendre du recul face aux débats actuels autour de la CPI et de rappeler la genèse de la création de la Cour. L'auteur rappelle d'abord les étapes historiques clés qui ont abouti à la signature du Statut de Rome et fournit ensuite une description détaillée du mandat de la Cour, de sa compétence, mais aussi des éléments novateurs qui la constituent. L'auteur analyse aussi les défis affectant les activités de la Cour: son aspiration de lutte contre l'impunité, mais aussi de paix, les limites inhérentes à ses modes de saisines, les réalités géopolitiques au sein desquelles elle opère...

À l'heure où la CPI compte de nombreuses critiques, mais aussi un nombre grandissant de supporters, ce livre permet de rappeler que la création de la Cour est l'aboutissement de décennies d'efforts afin de formuler une solution globale lorsque les crimes les plus graves sont commis.

Il permet aussi de considérer de façon critique les efforts qu'il reste à fournir afin de garantir son succès.

GaelleCarayon
Conseillere Post Conflit / Post Conflit policy advisor
REDRESS[257]

[257]les points de vue mentionnés sont fournis à titre personnel et ne sont pas nécessairement représentatifs de ceux de REDRESS.

BIBLIOGRAPHIE

TEXTES

Statut de Rome portant création de la cour pénale internationale

Règlement de procédure et de preuve

Élément des crimes

Statut du TPIY

Statut du TPIR

Charte des Nations Unies

Convention de Vienne sur le droit des traités de 1969

Loi organique n°08/96 du 30 août 1996 du Rwanda portant organisation des infractions constitutives de crimes de génocide ou de crimes contre l'humanité

Charte des Nations Unies.

OUVRAGES GÉNÉRAUX

ARISTOTE, *Éthique à Nicomaque*, trad. B. Saint Hilaire, Tome II, Livre V

BERGSON Henri, les deux sources de la morale et de la religion, PUF, 6e édition, 1995

CHARTIER Emile. (Allain), *le droit de paix* in propos, Tome I, collection la pléiade 1809-1811, éd. De Minuit, trad M. de Gandillac, 1963

COMBACAU Jean, SUR Serges, *Droit International public*, LGDJ, Montcherstien, 8e édition, 2002

DALLIER Patrick, PELLET Allain, *Droit International public*, LGDJ, 8e édition, 2008

GARAPON Antoine, des crimes qu'on ne peut ni punir, ni pardonner- pour une justice internationale, Odile Jacob, 2002

Glaser S., Droit International Pénal conventionnel, Bruylant, 1970.

GUINCHARD Serge, DEBARD Thierry, *lexique des termes juridiques*, Dalloz, 20e édition, 2013

HAZAN Pierre. la justice face à la guerre. De Nuremberg à la Haye, stock, 2000

HAZAN Pierre., la paix contre la justice, André Versailles, 2010

MARX Karl, *le capital, livre premier* ; 1867, éd. Sociales, trad. J. Roy, 1971

MERLE Roger, VITU André, *traité de droit criminel*, T.I. Cujas, 7e édition, 1997

POLIAKOV Léon, *le bréviaire de la haine*, Paris, calmann-lévi, 1951

SUR Jean, dictionnaire international de droit public, Bruylant 2001.

TICEHURT Ruppert, restriction à la conduite de la guerre, Genève CICR, 1987

VILMER Jean-Baptiste *Pas de paix sans justice,* presses de Sciences Po. Novembre 2011

WEBER Max, *économie et société*, traduction française Paris, Plon, 1971

WILHEM FRIDRICH Georges Hegel, *Propédeutique philosophique,* premier cours.

OUVRAGES SPÉCIFIQUES

BASSIOUNI M. Cherif., *the Statute of International Criminal Court*, transnational Publishers, 1998

BELLAZAIRE J et CRÉTIN T., *la justice pénale internationale*, Paris, PUF, 2000

BOUQUEMONT Clémence, la Cour Pénale Internationale et les Etats-Unies, Paris, l'harmattan, 2003

BOURDON William, *vers la fin de l'impunité des Chefs d'État en exercice ?,* in livre noir, terrorisme et responsabilité internationale, éd, Calmann Lévy, Paris 2002

CASSESE Antonio, SCALIA Damien, THALMANN Vanessa, *les grands arrêts de Droit International Pénal*, éd. Dalloz, 2010

CASSESSE Antonio, DELMAS-MARTY Mireille, *crimes internationaux et juridictions internationales*, PUF, Paris, 2002

FERNANDEZ Julian, la politique juridique extérieure des États-Unies à l égard de la CPI, Pedone, Paris, 2010

HENZELIN Marc, ROTH Robert, le droit pénal à l'épreuve de l'internationalisation, Bruylant, 2002

HUET André, KOERING-JOULI Renée, *Droit pénal international*, 2001

KAMTO Maurice, *l'agression en Droit International*, éd. À Pedone, Paris, 2010

KITTICHAISAREE Krindsak, *international criminal law*, New York, Oxford University Press, 2001

LAROSA Anne Marie, *dictionnaire de Droit International pénal*, 1re édition Dalloz, 1998

REBUT Didier, *Droit International Pénal*, Dalloz, 2012.

ROULOT Jean François, *le crime contre l'humanité*, Paris, l'harmattan, 2002

ZAPPALA Salvatore, *la justice pénale internationale*, éd. Montchrestien, 2007.

ARTICLES

ABRAHA H, ADJOVI Roland, la résolution 1593 déférant la situation du Darfour à la CPI, *in les premiers pas de la CPI*, 2005

BARNETT Laura, la cour pénale internationale : Histoire, rôle et situation actuelle, *Bibliothèque du parlement*, novembre 2008

BASSIOUNI Cherif, ICC ratification and national implementation legislation, in *nouvelles études pénales*, 1999.

BERTHELOT Pierre, la CPI face à la tragédie du Darfour, *géopolitique africaine*, Juillet – Septembre 2009

CONDORELLI Luigi, la Cour Pénale Internationale, un pas de géant (pourvu qu'il soit accompli), in *revue générale de Droit International public*, Paris, Pedone, 1999, Vol.108,

CONDORELLI Luigi, VILLALPANDO Santiago, les Nations unies et les juridictions pénales internationales, in *revue générale de Droit Internationale public*, Tome 103, Pedone, Paris, 1999

EBOGO Clément Alain, les intérêts de la CPI en Afrique, *jeune Afrique économie*, Avril- Mai 2012

GLASER Stefan, le principe de légalité des délits et des peines, *revue de droit pénal et criminel*, 1947-1948

GREEN Leslie, war crimes, crimes against humanity, and command responsibility, *Naval college revue*, Volume L, N°2, printemps 1997

HAIK Pierre, SOSSAH Eric, Cour Pénale Internationale, la CI porte plainte, *Fraternité Matin*, 28 février 2003

LIEWERANT Sara., when international justice captures « national reconciliation », *Droit et cultures*, 2008

LOPES Paulo- Serge, la paix par le droit. L'exemple de la justice pénale internationale, *Revue critique d'écologie politique*, Avril 2003

MARCHAL Roland, Justice internationale et réconciliation nationale : ambiguïtés et débats, *politique africaine*, décembre 2003

MIMBE W. Justin, origine de la CPI, de la méfiance à l'acceptation relative, *Jeune Afrique économie*, Avril- Mai 2012

MUBIALA Mutoy, le tribunal pour le Rwanda vraie ou fausse copie du tribunal pénal pour l'ex-Yougoslavie, *RGDIP*, 1997

PELLET Allain, pour la cour pénale internationale, quand même !, *l'observateur des Nations Unies*, N05, 1998

ROSS Amy, les politiques de vérité ou la vérité sur les politiques, *politique africaine* n°92, décembre 2003

SECK Yérim Cheick, Affaire El Béchir : pourquoi la CPI est allée trop loin, *Jeune Afrique,* Juillet 2010

SOUDAN François, Justice internationale : jusqu'où ira la CPI ? *Jeune Afrique*, Juillet 2008

TOLLOTI Sandrine, Justice internationale. Messieurs les dictateurs, la cour !, *Alternative internationale*, Mai-Juin 2002.

RAPPORTS

ACAT, justice internationale : une lente édification, courrier de l'ACAT, Novembre 2008

CICRD, CIDPDD, la Cour Pénale Internationale, manuel de ratification et de mise en œuvre du Statut de Rome, Mai 2000

CPI, représenter les victimes devant la Cour Pénale Internationale, Manuel à l'usage des représentants légaux, Décembre 2011

CPI, représenter les victimes devant la Cour Pénale Internationale, Manuel à l'usage des représentants légaux partie 2, Décembre 2011

Croix rouge, revue internationale de la croix rouge, 2005

CRS report for congress, international criminal court cases in Africa : Status and policy issues, September 2008

FIDH, la Cour Pénale Internationale 2002- 2012, Juin 2012

FIDH, le bureau du Procureur de la CPI-9ans plus tard, Décembre 2011

FIDH, Les droits des victimes devant la cour pénale internationale, FIDH publication, Décembre 2009

FIDH, CPI les premières années de la Cour Pénale Internationale, FIDH Publication, Décembre 2009

HRW, premier verdict à la Cour Pénale Internationale : l'affaire Procureur C. Thomas Lubanga Dyilo, Février 2012

Reporters sans frontières, Cour pénale internationale, guide pratique à l'usage des victimes, RSF publication, 2003

Rapport la justice transitionnelle : une voie vers la réconciliation et la construction d'une paix durable disponible

Rapport d'information, la Cour pénale internationale, Sénat France

Rapport sur le projet de loi autorisant la ratification de la Convention portant Statut de la Cour pénale internationale (n° 2141/ 15 février 2000), Paris, Assemblée nationale.

Rapport N°2141 de la République de France.

THESE ET MEMOIRE

Gadji, libéralisation du commerce international et protection de l'environnement, thèse, Université de Limoges, 2007

F. Danoïti, la Cour Pénale Internationale est une réalité, analyse de cette nouvelle juridiction à la fois indépendante et interdépendante au sein d'un système de relations internationales en pleine mutation, Mémoire, Institut Européen des hautes études internationales, 2005-2006.

AUTRES SOURCES

Ridi.org : revue d'analyse juridique de l'actualité internationale.

Fidh.org : fédération internationale des ligues des droits de l'homme

Cfcpi.org : coalition française pour la cour pénale internationale

Paris.msf.org : Médecin sans frontières- section France

Diplomatiejudiciaire.com: revue spécialisée sur la justice pénale internationale.

TABLE DES MATIÈRES

Côte d'Ivoire

aux éditions L'Harmattan

Dernières parutions

CÔTE D'IVOIRE : L'ÉVANGÉLISATION DU SANWI (1637-1960)
Koffi Koffi Lazare - Préface de Jean-Claude Djéréké
Dans cette étude, l'auteur ne s'est pas contenté d'égrener les faits relatifs à l'implantation du christianisme dans le Sanwi, situé dans l'actuel territoire ivoirien. Par une approche qui fait appel à l'anthropologie et à l'histoire des mentalités, il a montré le lien étroit et la corrélation qui a existé entre l'entreprise missionnaire et l'entreprise coloniale. De tout temps, la première a été entraînée par la seconde. Elles ont partagé les mêmes préoccupations : dominer le monde, le convertir à la pensée et à la vision de l'Europe.
(Coll. L'Afrique qui se bat, 23.50 euros, 224 p.)
ISBN : 978-2-343-12321-9, ISBN EBOOK : 978-2-14-004087-0

LA DÉCHIRURE
Photo-roman des Ivoiriens et des Africains de la diaspora
Souley - Préface de Michel Galy
Ce livre est le premier d'une série d'ouvrages de photos en couleur mettant en scène le combat des Africains issus de la diaspora, en particulier ivoirienne, qui refusent le coup d'État du 11 avril 2011 à l'encontre du président Laurent Gbagbo. Les œuvres de l'auteur Souley sont présentées dans toute leur authenticité, sans la moindre retouche.
(25.00 euros, 212 p.)
ISBN : 978-2-343-12727-9, ISBN EBOOK : 978-2-14-004339-0

RÉFORME DE LA FORMATION PROFESSIONNELLE ET TECHNIQUE EN CÔTE D'IVOIRE
Entretiens réalisés par Jackie Fourniol
Gbato Maninga - Préface de Gervais Semedo
Sortant d'une crise grave en 2009, le système de formation professionnelle était fortement perturbé. Il ne s'agit plus de «former pour former» mais de qualifier les jeunes pour des emplois existants et à venir ; il ne s'agit plus de mettre en œuvre des stratégies pédagogiques d'un autre âge, mais de développer des pratiques pédagogiques innovantes en prise directe avec les compétences attendues aujourd'hui par la société et l'économie.
(Harmattan Côte-d'Ivoire, 14.00 euros, 124 p.)
ISBN : 978-2-343-12427-8, ISBN EBOOK : 978-2-14-004111-2

CÔTE D'IVOIRE : VERS UN NOUVEL ORDRE PLUS JUSTE
Kouame Bibli Robert-Jonas
Préface du ministre Justin Koné Katinan
Le futur va se construire sur le refus, par l'ensemble du peuple, de la mentalité de soumission : c'est un futur de liberté et de responsabilité, un futur de souveraineté pour la cause commune de la société ivoirienne et africaine. C'est le combat que mène Laurent Gbagbo, devenu la pierre d'angle de la lutte pour un nouvel ordre de justice en Afrique. C'est cette conviction que l'auteur veut partager avec ses compatriotes en même temps qu'il les invite à se battre pour protéger leur pays contre les puissances coloniales et à lutter contre leurs élus locaux prêts à toutes les compromissions pour défendre leurs propres intérêts.
(Coll. L'Afrique qui se bat, 21.50 euros, 212 p.)
ISBN : 978-2-343-11744-7, ISBN EBOOK : 978-2-14-003955-3

DES PENSÉES DE LAURENT GBAGBO
Quel message pour la réconciliation nationale en Côte d'Ivoire ?
Sous la direction de Claude Koudou
Dans un pays multiethnique comme la Côte d'Ivoire les acteurs doivent se coordonner pour construire un cadre de vie ensemble. La Côte d'Ivoire ne pourra pas vivre en paix alors qu'une partie de la population est dressée contre l'autre. Pour résoudre cette équation il faut libérer la clef de voûte de la réconciliation nationale qu'est Laurent Gbagbo.
(Coll. Afrique liberté, 16.50 euros, 152 p.)
ISBN : 978-2-343-12133-8, ISBN EBOOK : 978-2-14-003644-6

CHRONIQUES POLITIQUES DE CÔTE D'IVOIRE ET D'AILLEURS (2011-2016)
Au nom de notre foi
Kouadio Jean
L'analyse que Jean Kouadio réalise de la crise africaine est que l'Afrique se complaît dans sa soumission, sa domination et son humiliation forcées par ceux qui continuent de la régenter. La conjonction simultanée et déchaînée des événements en Côte d'Ivoire et en Libye ont plongé l'auteur dans une méditation douloureuse. Le combat pour la liberté en Afrique doit se poursuivre à tout prix.
(28.00 euros, 274 p.)
ISBN : 978-2-343-11938-0, ISBN EBOOK : 978-2-14-003606-4

ÉVANGÉLISER AUJOURD'HUI DANS NOS DIOCÈSES D'AFRIQUE
Atta Kouadio Constant
L'« Église Africaine » et en particulier celle d'Abengourou doit-elle rester européenne, latine ou bien doit-elle être africaine ? En d'autres mots, comment faire pénétrer la parole de Dieu dans nos diocèses avec ses différentes cultures ? Foi et cultures peuvent-elles cohabiter ? Église universelle, une, indivisible, l'Église catholique privilégie la cohabitation entre foi et cultures aux fins de faire pénétrer durablement la parole de Dieu.
(Harmattan Côte-d'Ivoire, 11.00 euros, 74 p.)
ISBN : 978-2-343-10889-6, ISBN EBOOK : 978-2-14-003627-9

VISITE PASTORALE
Guide pour réflexions-recommandations-révélations
Atta Kouadio Constant
L'Église, famille de Dieu est le reflet du corpus christique. La participation du Père-Évêque est une grâce pour la pastorale et un gage de révisitation et de bilan des activités et de la vie des paroisses. Ce guide statistique a pour but de connaître la réalité des communautés paroissiales afin de pouvoir décrire la situation ecclésiale et sociale d'un diocèse.
(Harmattan Côte-d'Ivoire, 12.00 euros, 86 p.)
ISBN : 978-2-343-10890-2, ISBN EBOOK : 978-2-14-003782-5

LE RÉVEIL DE L'ÉLÉPHANT D'AFRIQUE (Tome 1)
Côte d'Ivoire : des élans maintes fois brisés
Ahoua N'Doli Théophile - Préface d'Alassane Ouattara
Avec pour emblème l'élephant, la Côte d'Ivoire, tel un pachyderme avançant dans un environnement difficile, a connu plusieurs élans de croissance économique et de développement qui furent sans cesse brisés. Le «miracle» économique ivoirien des années soixante et soixante - dix a été suivi d'une longue crise économique du fait de la détérioration des termes de l'échange dont les effets se sont faits davantage sentir parce que la structure de l'économie y était favorable. L'embellie à la suite de la dévaluation du franc CFA en 1994 sera malheureusement de courte durée.
(Harmattan Côte-d'Ivoire, 31.00 euros, 282 p.)
ISBN : 978-2-343-11515-3, ISBN EBOOK : 978-2-14-003336-0

LE RÉVEIL DE L'ÉLÉPHANT D'AFRIQUE (Tome 2)
Côte d'Ivoire : de l'effondrement au sursaut
Ahoua N'Doli Théophile - Préface d'Alassane Ouattara
L'année 1999 sonne le glas d'une série de crises sociopolitiques. À partir de 2011, le travail de planification économique et l'amélioration du cadre des affaires consacrent un retour gagnant de l'Éléphant qui se relève et prend de la vitesse. Il reste toutefois des défis à relever pour que la Côte d'Ivoire accède de manière définitive à l'émergence.
(Harmattan Côte-d'Ivoire, 28.00 euros, 244 p.)
ISBN : 978-2-343-11516-0, ISBN EBOOK : 978-2-14-003337-7

LA POLITIQUE SYMBOLIQUE DE LA CÔTE D'IVOIRE (1960-1993)
Union - Discipline - Travail
Yocolly Jean - Pasquerel Wenceslas
La Côte d'Ivoire fut le creuset du patriotisme sur une terre faite de convergences des tribus et des ethnies qui dans leur lutte ont forgé le sentiment d'un même destin. Cet essai porte un autre regard sur le pays de Félix Houphouët-Boigny : devenu président de la Côte d'Ivoire de 1960 à 1993, il mena la croisade de la décolonisation en rassemblant les tribus et ethnies et instaura une «politique symbolique» afin de remédier à la crise de la communauté franco-africaine.
(Harmattan Côte-d'Ivoire, 23.50 euros, 228 p.)
ISBN : 978-2-343-11451-4, ISBN EBOOK : 978-2-14-003509-8

LE NOUCHI DE CÔTE D'IVOIRE
Dictionnaire et anthologie – Plus de 1 000 mots et expressions usuels
Kadi Germain-Arsène - Préface de Natasa Raschi
Né à l'origine chez les jeunes loubards (noussis ou nouchis) d'Abidjan à la fin des années 1970, le nouchi est devenu trois décennies plus tard l'un des symboles de l'identité culturelle ivoirienne. En témoigne l'usage de ce français populaire dans tous les secteurs de la vie sociale, économique, politique et surtout culturelle. Le nouchi ne peut plus être seulement considéré comme un phénomène ivoirien, car ce langage participe de la dynamique du français dans le monde. L'importance du nouchi dans les créations artistiques et culturelles rendait nécessaire l'élaboration d'un dictionnaire, d'une anthologie.
(Coll. Études africaines, 26.00 euros, 258 p.)
ISBN : 978-2-343-10423-2, ISBN EBOOK : 978-2-14-003333-9

TRAITE DU CAFÉ ET DU CACAO ET CRIMINALITÉ EN CÔTE D'IVOIRE
Touré Alexandre Apalo - Préface de Dominique Bangoura
La criminalité liée à la traite du café et du cacao prend de l'ampleur dans deux régions: l'Indénie - Djuablin voit se développer le trafic illicite des produits agricoles vers le Ghana tandis que dans le Nawa prédomine le phénomène des coupeurs de route. Il en résulte un sentiment d'insécurité, des troubles à l'odre public, une atmosphère de suspicion, la mise à mal de la cohésion sociale, la paupérisation des populations et la réduction des recettes d'exportation de l'État. L'auteur propose des pistes de prévention.
(Coll. Afrique : politiques publiques, sécurité, défense, 28.00 euros, 276 p.)
ISBN : 978-2-343-11258-9, ISBN EBOOK : 978-2-14-003330-8

FESCI, LE RÊVE BRISÉ ?
Côte d'Ivoire
Ba Oulagoué
En Côte d'Ivoire, l'année 1990 a été marquée par les évènements sociopolitiques qui ont abouti au changement du système politique mis en place depuis trois décennies. C'est à la faveur de ce vaste mouvement de protestations de tous genres qu'est née la Fédération estudiantine et scolaire de Côte d'Ivoire (FESCI) en remplacement d'un premier syndicat existant. Vingt-cinq ans après sa création, que retenir globalement des actions de ce tout-puissant mouvement des élèves et étudiants ?
(Harmattan Côte-d'Ivoire, 15.50 euros, 144 p.)
ISBN : 978-2-343-11092-9, ISBN EBOOK : 978-978-2-14-002697-3

L'HARMATTAN ITALIA
Via Degli Artisti 15; 10124 Torino
harmattan.italia@gmail.com

L'HARMATTAN HONGRIE
Könyvesbolt ; Kossuth L. u. 14-16
1053 Budapest

L'HARMATTAN KINSHASA
185, avenue Nyangwe
Commune de Lingwala
Kinshasa, R.D. Congo
(00243) 998697603 ou (00243) 999229662

L'HARMATTAN CONGO
67, av. E. P. Lumumba
Bât. – Congo Pharmacie (Bib. Nat.)
BP2874 Brazzaville
harmattan.congo@yahoo.fr

L'HARMATTAN GUINÉE
Almamya Rue KA 028, en face
du restaurant Le Cèdre
OKB agency BP 3470 Conakry
(00224) 657 20 85 08 / 664 28 91 96
harmattanguinee@yahoo.fr

L'HARMATTAN MALI
Rue 73, Porte 536, Niamakoro,
Cité Unicef, Bamako
Tél. 00 (223) 20205724 / +(223) 76373082
poudiougopaul@yahoo.fr
pp.harmattan@gmail.com

L'HARMATTAN CAMEROUN
TSINGA/FECAFOOT
BP 11486 Yaoundé
699198028/675441949
harmattancam@yahoo.com

L'HARMATTAN CÔTE D'IVOIRE
Résidence Karl / cité des arts
Abidjan-Cocody 03 BP 1588 Abidjan 03
(00225) 05 77 87 31
etien_nda@yahoo.fr

L'HARMATTAN BURKINA
Penou Achille Some
Ouagadougou
(+226) 70 26 88 27

L'HARMATTAN SÉNÉGAL
10 VDN en face Mermoz, après le pont de Fann
BP 45034 Dakar Fann
33 825 98 58 / 33 860 9858
senharmattan@gmail.com / senlibraire@gmail.com
www.harmattansenegal.com

www.ingramcontent.com/pod-product-compliance
Lightning Source LLC
LaVergne TN
LVHW011040061026
849535LV00006B/2097